Faut-il libérer l'entreprise ?

Gilles VERRIER
Nicolas BOURGEOIS

Faut-il libérer l'entreprise ?

Confiance, responsabilité et autonomie au travail

Préface de
Jean-Dominique
Senard

DUNOD

Mise en page : Belle Page

11 rue Paul Bert, 92240 Malakoff
www.dunod.com
ISBN 978-2-10-074301-8

TABLE DES MATIÈRES

REMERCIEMENTS

Cet ouvrage est le résultat d'un travail d'équipe. Caroline del Torchio, Emmanuel Fatras et Adrien Fender, tous trois senior managers au sein d'Identité RH, se sont particulièrement impliqués dans sa production. Jeune entreprise, Identité RH tente de s'appliquer à elle-même les convictions développées dans ces pages.

PRÉFACE

Nous vivons un moment paradoxal. D'un côté, tout concourt à pousser l'entreprise vers des formes de gouvernance et de management fondées sur la liberté, l'initiative et la responsabilité. De l'autre, jamais les systèmes de pilotage de la performance et du progrès, servis par l'évolution galopante des techniques de l'information et de la communication, n'ont apporté de telles possibilités de centralisation et de contrôle.

Attentifs aux drames qui ont secoué certaines entreprises, les managers écoutent de plus en plus les sociologues et les psychologues du travail qui voient dans le développement du *pouvoir d'agir* le moyen de les éviter. Ils encouragent l'intervention d'ergonomes de l'activité, là où ils perçoivent des risques psychosociaux. Ils observent avec inquiétude alors même que les conditions de travail se sont constamment améliorées et continuent de le faire, jamais la société ne s'est montrée aussi sujette à ce qu'on nomme la « souffrance au travail ». Ainsi, la souffrance ne proviendrait pas tant de la pénibilité du travail (puisqu'elle tend à diminuer) que du contexte dans lequel il s'effectue et de ses formes. Le stress ne serait pas tant généré par l'intensité de l'effort que par la complexité des organisations et leur lot d'*injonctions contradictoires.* Au travail, la personne humaine étoufferait sous les prescriptions et le contrôle et développerait la frustration de potentialités ignorées... Sur ces questions, les analyses sont riches et profondes, la littérature abondante.

La part croissante que prennent les nouvelles générations dans le fonctionnement des entreprises appelle aussi cette attention aux formes de l'activité de travail. Je ne crois pas que les attentes de ces générations soient radicalement différentes de celles des générations précédentes. Elles sont l'expression des besoins vitaux de l'âme humaine, et ces besoins sont de toutes les époques. La différence des générations réside davantage dans la manière – largement déterminée par l'éducation – dont elles supportent que ces besoins ne soient qu'imparfaitement satisfaits. L'évolution sociétale appelle ainsi l'entreprise, soucieuse d'attirer et de conserver les talents, à plus de liberté et de responsabilité, moins de formalisme, plus d'agilité, moins de contraintes et d'exercices imposés, plus de développement personnel et de lien social...

De fait, au moins d'un point de vue intellectuel, la page du taylorisme se tourne, et il y a maintenant longtemps que le monde de l'entreprise, des professeurs de management et des consultants s'emploie à la tourner. De Douglas McGregor, avec sa *théorie Y* qui prend en 1960 l'exact contre-pied des prémisses de la théorie taylorienne, à Isaac Getz et Brian M. Carney qui prônent, de façon quasi-militante, « l'entreprise libérée », en passant par les dizaines de travaux et d'expériences qui ont fait profondément évoluer nos modèles de management, nous voyons bien que, dans les choix d'organisation qui s'offrent à nous, le facteur humain n'a jamais été aussi central.

Nous avons tous grand besoin de remettre l'ensemble de ces travaux en perspective. L'évolution ne consiste pas en une succession de nouveautés qui élimineraient les acquis antérieurs. Elle est la combinaison de ce qui, dans ces acquis, conserve une valeur durable et inspire des pensées nouvelles qui en modifient la forme, et parfois en infléchissent le fond. Cette mise en perspective est, de mon point de vue, un premier mérite de l'ouvrage que nous proposent aujourd'hui Gilles Verrier et Nicolas Bourgeois.

En tout état de cause, l'entreprise sait désormais que les organisations, les méthodes et les outils les plus éprouvés ne suffisent plus à fonder sa compétitivité sur des bases durables. Ces éléments sont certes nécessaires et je crois qu'ils le resteront. Mais lorsqu'ils ont pour effet de réduire la motivation et, au-delà de la motivation, l'engagement des personnes, ils nous font perdre trois atouts essentiels : la qualité de la relation clients, l'innovation et l'agilité. Or, sans ces atouts, la compétitivité s'évapore inexorablement.

Le paradoxe se tient précisément là. Au moment même où nous nous sommes persuadés que la libération des énergies était devenue à la fois une obligation morale au titre de la *responsabilité sociale de l'entreprise* et la condition première de son efficience, nous avons développé des systèmes de commandement et de contrôle d'une extrême sophistication. Là où le taylorisme avait essentiellement façonné l'activité ouvrière, la combinaison des systèmes d'information, des systèmes qualité et du contrôle interne ont étendu la capacité des grandes organisations à mettre tout et chacun sous contrôle. L'obligation dans laquelle nous avons été de garantir l'impossibilité du faux pas ou, pire encore, de la malversation nous a conduits à refuser l'erreur et à encadrer strictement l'activité de tous les employés au moyen de référentiels et de standards. Imposés du haut, ceux-ci ont fait naître ce sentiment d'enfermement, de complexité et de lourdeur administrative, de lenteur décisionnelle, de réduction du *pouvoir d'agir*, d'où émane aujourd'hui l'essentiel de la souffrance au travail, mais aussi certaines limites à l'efficience opérationnelle.

La libération des énergies suppose cette liberté et cette responsabilité qui, combinées, définissent l'autonomie avec son corollaire, le droit à l'erreur. Gilles Verrier et Nicolas Bourgeois rendent bien compte des deux modèles d'entreprise qu'opposent I. Getz et B. M. Carney, *l'entreprise comment* et *l'entreprise pourquoi*. C'est bien entre ces deux modèles que nous avons à choisir. La nécessaire libération des énergies exclut que ce soit tout l'un. Nous ne savons pas encore si, au regard de leur taille, de leur complexité, de leur histoire et de leur culture, toutes les entreprises peuvent demain devenir tout l'autre.

Pour ma part, je discerne une forte parenté entre cette conception et le *principe de subsidiarité* qui m'est cher, tant en ce qui concerne la vie de la cité que pour ce qui touche l'activité de l'entreprise. Ce principe, qui recommande que les échelons supérieurs ne se substituent jamais aux échelons inférieurs dans les affaires dont ceux-ci sont capables de s'acquitter de leur propre initiative, pose en corollaire le devoir d'assistance des premiers vis-à-vis des seconds. Aide, et non substitution, c'est-à-dire développement des capacités des différents échelons à conduire leurs affaires de façon autonome. En d'autres termes, intervention en cas de nécessité, puis retrait.

Pour les concepteurs du principe de subsidiarité, il s'agissait de répondre à deux besoins essentiels : d'une part respecter la dignité humaine en donnant à chacun la possibilité d'exprimer la plénitude de ses talents ; d'autre part assurer la capacité de la cité à se gouverner efficacement en évitant de disperser l'esprit et la volonté des organes dirigeants dans des affaires qui n'étaient pas de leur niveau, au risque d'amoindrir leur capacité à prendre la hauteur nécessaire à un bon gouvernement.

On ne voit pas de raison de penser qu'un tel principe ne s'appliquerait pas à l'entreprise. Il s'y trouve à tout niveau une somme d'expérience qui inspire une confiance sans laquelle l'autonomie ne saurait être concédée. Un fort maillage managérial et de solides dispositifs de formation permettent la diffusion des valeurs professionnelles, des principes d'action et des buts de l'organisation. Dès lors, point n'est besoin de tout prescrire ni de tout contrôler *a priori*. Il suffit que chacun, bien intégré au sein d'équipes à la fois protectrices et stimulantes, reçoive les compétences et les autorisations grâce auxquelles il pourra s'acquitter des affaires de son niveau.

L'ouvrage de Gilles Verrier et Nicolas Bourgeois pose clairement les fondements sur lesquels doit reposer l'exercice d'une liberté responsable. Partie importante de mon point de vue, critique même, car autant je suis convaincu de la puissance de la subsidiarité dans le fonctionnement de l'entreprise et la qualité de sa relation avec ses clients, autant je pressens les catastrophes qui pourraient découler d'une autonomie mal orientée.

Au demeurant, je vois dans ce risque la raison principale de la persistance du paradoxe que j'ai évoqué. Entre la dynamique d'une gouvernance et d'un management résolument responsabilisants et la sécurité que procurent des systèmes de pilotage rigoureux, le cœur autant que l'esprit n'hésitent pas. Mais ne nous voilons pas la face : choisir la première revient à engager une transformation culturelle et organisationnelle d'une ampleur considérable. Or, une telle transformation, appliquée à des entreprises internationales habituées à fonctionner suivant le principe opposé, représente une prise de risque inouïe. Surgit ainsi un dilemme entre la conviction et la confiance, d'une part, la responsabilité et la maîtrise du risque d'autre part. C'est parce qu'il est difficile de sortir de ce dilemme qu'on voit parfois la main droite ignorer ce que fait la main gauche, des essais de responsabilisation cohabiter avec le renforcement des systèmes de pilotage et se heurter à de nouvelles exigences de prescription et de contrôle.

Sur ce point encore, l'ouvrage que l'on va lire apporte des réponses utiles. Il le fait dans l'esprit de ce que certains appelleront la responsabilisation, d'autres la libération de l'entreprise. Il ne cherche pas à indiquer un *comment procéder*, mais à guider le lecteur à travers l'ensemble des réalités de l'entreprise dont la transformation en cause nécessitera le remodelage. Il ne faut pas en attendre de recette toute faite. Sur ce point, Gilles Verrier et Nicolas Bourgeois rejoignent I. Getz et B. M. Carney : chacun doit se donner sa propre vision, son propre cadre et tracer sa propre route.

Ce livre présente avec méthode et mesure des pistes qui permettront à ceux qui, pour reprendre la belle expression de Vincent Lenhardt, choisiront « d'oser la confiance » d'organiser et de conduire une transition à la fois ambitieuse et maîtrisée. Pour ma part, voyant au sein de Michelin les effets de cette démarche sur l'engagement des personnes et la performance des équipes, je considère que si la libération des énergies, la simplification de l'organisation et des processus sont une réalité vécue par l'ensemble du personnel du groupe, si la digitalisation est un levier de responsabilité plutôt que de mise sous contrôle, si nos clients sentent nos employés habités par la passion du service du fait même de cette dynamique nouvelle, alors nous aurons à la fois honoré notre responsabilité sociale et bien œuvré à notre pérennité.

Jean-Dominique Senard
Président de la gérance du groupe Michelin

INTRODUCTION

Pour qui s'intéresse aux débats qui traversent le monde du travail, est-il encore possible d'échapper au buzz autour de « l'entreprise libérée » ? Un tel phénomène, autour d'une notion présentée comme révolutionnaire, est à ce jour sans précédent par son ampleur.

Point de départ de cet engouement, la publication de *Liberté & Cie*[1] en France en 2012 par Isaac Getz et Brian M. Carney. Retenons une première définition de l'entreprise libérée, telle qu'elle est formulée par les auteurs : il s'agit d'une entreprise où les salariés sont libres et responsables d'entreprendre toutes les actions qu'ils estiment les meilleures pour l'entreprise. Nous reviendrons sur cette définition.

Cet ouvrage est à rapprocher des conférences et témoignages des dirigeants de quelques entreprises se posant comme libérées. Nombreuses sont les vidéos postées à leur propos. D'autres livres sont parus ensuite sur le thème de l'entreprise libérée ou sur des notions connexes. Mais c'est le documentaire diffusé sur Arte le 24 février 2015 qui a accéléré la dynamique. Ainsi, le journal *Les Échos* du 2 mars 2015 affirmait : « Nous étions très nombreux devant notre écran la semaine dernière à voir "The" film *"Le bonheur au travail"* de Martin Meissonnier sur Arte, celui que nous avons tous relayé sur les réseaux sociaux à grandes pompes. Impossible d'y échapper tant le tintamarre provoqué par la diffusion de ce film fut grand ».

Dans les semaines et mois qui ont suivi, l'ensemble des médias se sont emparés du thème qui s'impose désormais dans les réflexions sur l'entreprise. Mais cette diffusion large n'est pas toujours synonyme de qualité du débat : l'entreprise libérée est parfois évoquée de façon caricaturale comme la nouvelle forme d'organisation et la solution universelle permettant de régler tous les problèmes et de rendre les salariés heureux en les libérant des managers.

Pour ne pas se déconnecter de ce qui se joue autour de l'entreprise, de nombreux acteurs économiques ont ressenti le besoin d'approfondir le thème. En parallèle de sa diffusion tous publics, il s'est donc invité dans de

1. Isaac Getz et Brian M. Carney, *Liberté & Cie : quand la liberté des salariés fait le succès des entreprises*, Éditions Fayard, 2012.

nombreux colloques, conférences, forums ou clubs de dirigeants. Les chambres de commerce notamment, mais aussi l'Association Progrès du Management[1], organisent régulièrement des initiatives sur le sujet.

L'intérêt est allé plus loin encore, comme en témoigne la façon dont les échanges se sont enflammés sur les réseaux sociaux. Des groupes se sont par exemple constitués sur Linkedin, les plus importants regroupant jusqu'à 1 000 membres.

De multiples acteurs, qu'il s'agisse de dirigeants ou d'une population beaucoup plus large, expriment donc pour cette thématique un vif intérêt. Il se double d'un enthousiasme qui prend parfois beaucoup de vigueur, avec des prises de positions très tranchées sur les réseaux sociaux.

Cet engouement a une signification : il démontre que la thématique de l'entreprise libérée répond à des attentes fortes, voire à un véritable besoin. Elle apporterait des solutions nouvelles aux enjeux auxquels l'entreprise est confrontée dans la période actuelle : bien-être au travail, attribution du pouvoir, pratiques managériales, relation client, performance[2]. Elle permettrait (enfin !) de déplacer le débat à propos du travail du thème dominant depuis plus de quinze ans, la quantité de travail et les 35 heures, vers les enjeux cruciaux du contenu du travail et de sa qualité.

Nous reviendrons sur ces thématiques. Mais à ce stade, retenons que les réflexions autour de l'entreprise libérée ne peuvent être écartées d'un revers de main sans avoir tenté de comprendre ces enjeux et d'analyser la pertinence des réponses dont elles se veulent porteuses.

En réponse à cet enthousiasme, deux critiques ont émergé, avec là aussi beaucoup de vigueur. La première assimile les débats sur l'entreprise libérée à un effet de mode. C'est en ce sens qu'Hubert Landier prend position sur son blog[3] : « Suis-je pour ou contre l'entreprise libérée ? Ma réponse est la suivante : qu'est ce que ça apporte par rapport à ce qui a déjà été dit cent fois ?... Le diagnostic a donc été fait et refait. L'entreprise libérée représente par conséquent l'expression d'un mouvement de mode. » Les promoteurs de l'entreprise libérée s'en défendent[4], et soulignent la réalité des enjeux

1. Inconnue du grand public, l'Association Progrès du Management regroupe près de 7 000 dirigeants d'entreprise dans un réseau de 350 clubs de partage d'expérience et de développement.
2. Voir la dix-huitième enquête menée en 2015 par PricewaterhouseCoopers auprès de 1 300 dirigeants d'entreprise.
3. www.regard-hubertlandier.fr
4. Avec par exemple la conférence « L'entreprise libérée : effet de mode ou nécessité ? » organisée avec Jean-François Zobrist à Genève le 20 mai 2015.

auxquels cette notion apporterait une réponse. « L'entreprise libérée n'est pas une mode, c'est un passage obligé », affirme Jean-François Zobrist[1], patron en retraite de l'entreprise FAVI.

Ce qui est indéniable, c'est que les enjeux humains de l'entreprise sont régulièrement sujets à ces effets de mode. Pour ne prendre qu'un exemple, la notion de « génération Y » a alimenté ces dernières années de multiples débats sans jamais être appuyée par le moindre travail de recherche académique. La critique n'est pas neutre. Si l'entreprise libérée renvoie à un effet de mode, son impact sur la réalité de l'entreprise sera limité, son utilisation non durable et la désaffection rapide. Rappelons la dimension structurante de tout effet de mode : il concerne un élément considéré comme nouveau. Il a pour vocation de surprendre en proposant une rupture, notamment pour se faire remarquer, mais porte intrinsèquement une part d'incertitude quant à sa capacité à « séduire » et donc à être adopté. Il est porté dans les premiers temps par des acteurs précurseurs, des « influenceurs », dans une logique d'expérimentation. L'effet de mode prend fin lorsque l'élément est massivement adopté par une majorité d'acteurs ou lorsque les expérimentations menées par les précurseurs ne donnent pas les effets escomptés[2]. Reconnaissons que le rapprochement avec ce qui se joue autour de l'entreprise libérée peut être troublant.

La seconde critique apparue dans les débats porte sur la notion même de « libération » de l'entreprise. S'il faut libérer l'entreprise, cela signifie qu'elle est enfermée. Mais par qui ou par quoi ? Et de quoi devrait-elle être libérée ? Cette critique nous paraît moins pertinente. Elle renvoie au choix peut-être malheureux (mais ô combien efficace en termes d'impact) de l'expression « entreprise libérée ». Rendons grâce aux promoteurs de l'approche : ce dont ils parlent, ce qu'ils étudient, ce qu'ils expérimentent, c'est bien la libération des salariés dans l'entreprise, et non celle de l'entreprise proprement dite. Le titre de l'édition originale de l'ouvrage de Getz et Carney, parue aux États-Unis en 2009, est d'ailleurs « Free Your Employees and Let Them Lead your Business to Higher Productivity, Profits and Growth ». En ce sens, le sujet serait plutôt celui des « entreprises libérantes ».

Cet ouvrage traite une question, à partir de la connaissance que nous avons développée des réalités de nombreuses entreprises : l'entreprise libérée est-elle une réponse pertinente aux enjeux auxquels les organisations sont confrontées dans la période contemporaine ou bien constitue-t-elle un effet

1. *La Voix du Nord*, 24 avril 2015.
2. Sur les effets de mode, voir les travaux de Gilles Lipovetsky et ceux de Guillaume Erner.

de mode, une utopie, une nouvelle idéologie managériale, ou même une démarche qui ne serait pertinente que pour certaines organisations ?

Par convention, nous considérerons ici que lorsque nous utilisons le terme « entreprise libérée », nous parlons de la démarche promue par Isaac Getz et Brian Carney, avec son contenu et ses attributs. Tandis que la notion de libération renvoie à une approche plus large de transformation, qui reste à préciser.

Le point de départ de notre approche consistera à présenter et à analyser les écrits et pratiques qui ont un lien direct ou indirect avec la notion d'entreprise libérée. Si nous ne revendiquons pas ici une démarche de chercheur en sciences sociales, il nous paraît néanmoins indispensable de mener ce travail d'analyse préalable de l'état de l'art. C'est l'objet du premier chapitre de cet ouvrage.

Le deuxième chapitre a été construit comme une enquête : l'entreprise libérée est-elle une réponse pertinente aux enjeux des organisations actuelles ? C'est en croisant les enjeux et blocages des entreprises avec l'approche sur l'entreprise libérée que nous pourrons prendre position.

Sur cette base et à partir d'un regard critique assumé, nous soumettrons à la réflexion du lecteur, dans le troisième chapitre un certain nombre de convictions et de partis pris sur les transformations que doit impulser une entreprise si elle veut répondre aux mutations qui s'imposent à elle en se libérant des contraintes qui pourraient l'en empêcher : quelles bases, quelles notions clés, quels principes d'action ?

Nous pratiquons notre activité de conseil avec une obsession : transformer la réalité effective des collaborateurs des entreprises que nous accompagnons. Notre quatrième chapitre sera très concret en proposant une approche structurée pouvant être mise en œuvre par toute entreprise pour se transformer.

Cet ouvrage est un hommage. Un hommage en premier lieu aux entreprises qui ont permis ces dernières années de dynamiser le débat essentiel sur ce que doivent devenir le travail et l'organisation. Un hommage également aux différents auteurs qui pensent ce qui permet de faire progresser la réalité de l'entreprise. Après avoir publié il y a près de dix ans *Réinventer les RH*[1] et en centrant notre activité de conseil sur l'innovation dans ce qui touche à l'humain au travail, comment ne serions-nous pas particulièrement sensibles à ce qui permet de faire évoluer le management des hommes et des organisations ?

---

1. Gilles Verrier, *Réinventer les RH*, coll. Stratégie et management, Dunod, 2007.

Mais cet hommage se veut distancié. Notre ambition, en confrontant ces analyses et réalisations avec les réalités des entreprises telles que nous les connaissons de l'intérieur, est de pousser un cran plus loin la réflexion qu'appelle notre époque sur les organisations. Elle est aussi de travailler au caractère opérationnel de ces éléments, en nous centrant sur le concret des hommes et des entreprises.

1

L'ÉTAT DES LIEUX : QUELLES RÉFLEXIONS ET PRATIQUES INNOVANTES ?

L'engouement pour la notion d'entreprise libérée et la couverture médiatique qui l'a accompagné ont eu une conséquence directe : toutes les réflexions et initiatives innovantes appliquées au monde du travail semblent désormais relever de l'entreprise libérée. Le bonheur au travail ? Entreprise libérée ! L'allégement de la structure managériale ? Entreprise libérée ! La simplification de l'organisation d'une entreprise ? Entreprise libérée ! Le développement de l'orientation client ? Entreprise libérée ! La mise en place d'espaces de travail collaboratifs, le télétravail, le développement de l'engagement des collaborateurs, le *lean management*, la simplicité dans les rapports de travail, l'allègement de la technostructure ? Encore et toujours l'entreprise libérée.

Même ceux qui travaillent à populariser cette notion trouvent certainement que c'est là trop d'honneur. Et qu'à force de tout rattacher à l'entreprise libérée en assimilant à cette approche tout projet ou toute initiative relevant des transformations de l'entreprise, la notion perd de son sens en se diluant. Face à cette confusion, il est nécessaire de réintroduire de la cohérence en ordonnant tous ces éléments.

D'autant que si l'ambition est d'alimenter la réflexion sur les démarches de libération de l'entreprise, un état de l'art sur le sujet doit être établi au préalable. Pour qui veut transformer les réalités de son entreprise, maîtriser cette notion, ses contenus, les approches qui peuvent lui être rattachées de près ou de loin est également utile.

L'enjeu dans un premier temps est de comprendre ce qu'est l'entreprise libérée telle que pensée par ses promoteurs. D'où l'impératif que nous nous sommes imposé à ce stade vis-à-vis des travaux menés sur ce thème et des réalisations conduites : adopter la démarche la plus objective possible dans la présentation et l'analyse.

Pour réaliser cet état des lieux, nous n'en resterons pas à l'entreprise libérée et élargirons dans un second temps notre analyse à l'ensemble des réflexions et réalisations qui peuvent y être connectées. C'est à l'issue de ce recensement et des analyses qui l'accompagnent qu'il nous sera possible d'ajuster et de compléter la définition de ce que peut être une démarche de libération de l'entreprise.

AU CŒUR DES DÉBATS, LA NOTION D'ENTREPRISE LIBÉRÉE

L'ouvrage d'Isaac Getz et Brian Carney

Liberté & Cie constitue aujourd'hui le centre de gravité des échanges sur le thème de l'entreprise libérée. Non parce que ses auteurs auraient tout inventé en la matière, mais parce que ce livre est au cœur des débats : c'est sa diffusion qui les a générés et qui les alimentent. Toute réflexion sur l'entreprise libérée se doit donc de s'arrêter à son contenu. Notre objectif ici est de capturer les logiques de ces écrits pour bien les comprendre. Il ne s'agit pas seulement d'en résumer le contenu, mais bien de l'analyser.

Liberté & Cie se présente comme une réflexion appuyée sur la description de cas d'entreprises, différentes mais s'affirmant toutes libérées. Isaac Getz et Brian Carney revendiquent une démarche d'ethnographes. À partir de l'étude de ces entreprises et de leurs évolutions, deux modèles émergent : l'entreprise « comment » et l'entreprise « pourquoi ».

Sous le terme d'entreprise « comment », c'est l'organisation hiérarchique, bureaucratique, basée sur une culture sociale de domination et de prescription, avec un modèle qualifié de « commandement et contrôle », qui est décrite. En arrière-plan, une opinion des dirigeants de ces entreprises sur la nature humaine, convaincus que leurs salariés n'ont pas envie de travailler ni d'apprendre. Il faut donc leur prescrire comment faire leur travail, via d'innombrables règles, puis les contrôler. Conséquences de cette organisation : un désengagement massif des salariés, un potentiel d'innovation inexploité, des coûts cachés exorbitants et, au bout du compte, beaucoup d'inefficacité. Le maintien dans la durée de ce modèle organisationnel est notamment expliqué par l'attitude des managers, qui décourageraient toute initiative, et par la tentation forte, lorsque l'entreprise connaît des turbulences, de la mettre sous contrôle via des procédures et des règles.

L'autre modèle est celui de l'entreprise « pourquoi », ou entreprise libérée. Elle vise à capitaliser sur les connaissances et les capacités de tous ses collaborateurs en donnant libre cours à leur esprit d'initiative et à leur créativité ainsi qu'en facilitant les comportements proactifs. L'entreprise donne à chacun la liberté de prendre des initiatives personnelles ainsi que l'autorité nécessaire pour prendre ses propres décisions concernant son travail. Tout collaborateur rencontrant un problème ou une opportunité s'en occupe personnellement et applique sa solution s'il en a une. Pour cela, l'entreprise élimine tous les mécanismes de contrôle, affranchit les collaborateurs des contraintes qui les paralysent et ne cherche jamais à imposer de réponse. Pour les auteurs, « une société qui cultive la liberté repose sur l'idée qu'il ne faut pas dire aux employés ce qu'ils doivent faire – même si c'est ce qu'ils attendent de vous ».

Certaines des entreprises étudiées dans cet ouvrage sont nées « libérées », en réaction à ce qu'avaient vécu leurs fondateurs dans leurs expériences précédentes. D'autres se sont transformées, passant de l'entreprise « comment » à l'entreprise « pourquoi ».

Figure centrale et passage obligé de la démarche, un « leader libérateur » à la tête de l'entreprise : « Est-il possible de transformer une culture sociale hiérarchique fondée sur la domination et le contrôle ? Oui, mais le changement doit venir d'en haut », expliquent les auteurs qui dressent le profil de ce leader libérateur tout au long de l'ouvrage : leadership bien sûr, naturel selon eux, « valeurs de liberté », mais aussi « qualités exceptionnelles », « sagesse » et « intuition créative ». Pour le leader libérateur, « l'expérience affective, plus que la connaissance rationnelle, joue un rôle de déclencheur pour passer à l'acte de construction d'une entreprise libérée ».

Même si Isaac Getz et Brian Carney se refusent à « dresser un plan [...] de libération de n'importe quelle entreprise », les éléments qu'ils capturent dans les expériences qu'ils décrivent les amènent de fait à poser une démarche en quatre étapes.

L'étape 1 consiste à démanteler « les symboles et pratiques qui empêchaient les salariés de se sentir intrinsèquement égaux. » Il s'agit de traiter les salariés en égaux, avec équité et dignité. Cela peut passer par la suppression des organigrammes, des bureaux personnels et plus largement des pratiques caractéristiques d'une distinction entre la hiérarchie et les autres. Cette suppression des symboles de l'ancien système est posée comme le préalable à la construction de relations d'un nouveau type.

L'étape 2 porte sur le partage par le leader libérateur de sa vision de l'entreprise avec tous les salariés. Les auteurs considèrent que la volonté d'obtenir des performances de niveau mondial est une condition indispensable à la libération d'une entreprise, et que cette volonté s'incarne dans une vision. Un des rôles clés d'un leader libérateur est d'obtenir l'adhésion effective de tous à ce projet et de s'assurer que tous cherchent à le faire vivre. C'est pour le réaliser que les salariés seront laissés libres de définir eux-mêmes les mesures à prendre. Il s'agit donc d'une « liberté ordonnée » où l'autodiscipline, principalement assurée par la vision commune de l'entreprise, joue un rôle essentiel.

L'étape 3 est centrée sur la construction d'un environnement favorable à « l'automotivation ». Les leaders libérateurs, « pour atteindre la performance forte et durable qu'ils visaient, ont renoncé à agir sur l'homme – le contrôler, le motiver, le *manager* – préférant agir sur l'environnement, pour que ce dernier [...] satisfasse les besoins fondamentaux de l'homme ». S'appuyant sur une étude menée par les psychologues de l'université de Rochester, les auteurs considèrent que l'environnement de travail doit permettre de satisfaire trois besoins du salarié : être traité avec considération, avoir l'appui pertinent pour son développement, disposer du soutien nécessaire à son « autodirection ». Par ce terme, ils entendent « laisser la main-d'œuvre faire un travail de qualité ».

L'étape 4 vise à entretenir l'entreprise libérée dans la durée. En amont, le leader libérateur s'était « transformé en designer de la culture. » Il doit ensuite la préserver en devenant en quelque sorte son garant et en étant vigilant sur les dérives.

Une fois ces éléments posés, comment l'entreprise libérée fonctionne-t-elle ? Isaac Getz et Brian Carney apportent une précision importante : « L'objectif de la libération d'un lieu de travail n'est pas de revenir à un état de nature rousseauiste où l'individu, affranchi des chaînes de la société, mène une existence parfaitement libre et individualiste. » La vision promue par le leader libérateur apporte une première réponse, puisqu'ainsi la destination est partagée. Les éléments de la culture développée dans cette démarche également, avec une forme de contrôle social intériorisé. Ces réponses aident à maintenir la liberté « sur des rails ». S'y ajoutent par ailleurs les « règles informelles qui prennent naissance spontanément pour signaler une habitude commune ».

Dans l'entreprise « comment », les managers et les fonctions support alimentaient et maintenaient le système. Or « leur position et leur statut sont menacés et leur avenir est précarisé par la campagne de libération ». Ce qui a conduit certaines entreprises étudiées à supprimer cet encadrement. Les pratiques de management doivent être transformées en profondeur, avec un nouveau rôle : être à l'écoute des autres salariés et satisfaire leurs besoins. Isaac Getz et Brian Carney évoquent alors l'émergence de leaders naturels : ceux qui, confrontés à une problématique, saisiront l'occasion et assumeront spontanément le leadership. Quant aux fonctions support, les tâches de contrôle disparaissent et leurs autres responsabilités sont soit diffusées dans l'organisation, soit assumées au sein d'un groupe de travail spécifique.

Paradoxe ultime, affirment Isaac Getz et Brian Carney, la culture du bonheur et la qualité de vie conduisent au bout du compte à une performance exceptionnelle de l'entreprise.

Depuis la publication de *Liberté & Cie*, Brian Carney s'est reconverti en dirigeant d'entreprise et ne s'est plus exprimé sur le thème. Quant à Isaac Getz, ses écrits, ses conférences et les contenus qu'il poste sur internet portent pour l'essentiel sur les contenus développés dans cet ouvrage. Une exception cependant : dans une tribune publiée dans *Le Monde*[1], il apporte une précision en estimant que « l'être humain peut dépasser l'autonomie. Il peut devenir libre. » Avec l'autonomie, le pouvoir est confié par le « chef » aux salariés, mais il en reste le détenteur. « Avec la liberté, le pouvoir est chez le client, donc par procuration chez les collaborateurs en contact avec le client. La liberté vient avec la responsabilité [...] pour que chacun fasse de son mieux pour satisfaire le client, et dans le cadre de la vision de l'entreprise. »

Les réalisations les plus visibles

Liberté & Cie s'appuie en grande partie sur des monographies : Gore, FAVI, Sun Hydraulics, Harley Davidson, SOL, etc. Par ailleurs, d'autres entreprises ont depuis « rejoint le mouvement » ou s'y réfèrent, comme par exemple Poult, Semco ou le Ministère belge de la sécurité sociale. Ces organisations sont les plus visibles dans ces démarches expérimentales ; elles s'expriment largement sur leurs réalisations ; de nombreux articles leur ont été consacrés.

S'y attarder dans le corps de cet ouvrage aurait eu un intérêt limité, avec un risque de redondance. Néanmoins, pour capitaliser sur leurs réalisations, nous avons établi pour les plus significatives une « fiche signalétique » disponible en annexe reprenant leurs principales caractéristiques.

Notre propos ici sera illustré par les réalisations d'autres entreprises. Au travers de notre activité de conseil, nous connaissons la plupart d'entre elles de l'intérieur. Chacune de leurs expérimentations se situe sur un terrain différent. Leurs approches sont spécifiques. Elles revendiquent ou pas une logique de libération. Certaines communiquent sur leurs réalisations, d'autres sont plus discrètes. Toutes ont en commun de vouloir inventer leurs propres réponses en innovant par rapport aux approches organisationnelles et managériales classiques. Pour chacune de ces entreprises, nous avons laissé la parole à un dirigeant, afin qu'il mette lui-même en évidence la spécificité de l'approche adoptée par son organisation. Ce sont leurs témoignages qui sont présentés tout au long de notre réflexion.

1. « La liberté n'est pas l'autonomie », *Le Monde*, 24 février 2015.

Témoignage

Du travail sur soi à l'organisation, par Nicolas Hennon

Nicolas Hennon est Directeur Général du groupe Kiabi qui emploie 8 200 salariés. Kiabi réalise un chiffre d'affaires de 1,8 milliard d'euros avec une croissance annuelle comprise depuis 2012 entre 8 et 12 %. Présent commercialement dans dix pays, il s'appuie sur des magasins en propre, la franchise et le web. Son actionnaire de référence est l'Association Familiale Mulliez.

J'ai toujours été passionné par les thématiques de l'homme et du management. Et ce sont des épreuves personnelles qui m'ont permis de formaliser ce à quoi je voulais être utile : accompagner des hommes et des organisations à se réaliser, par une posture de dirigeant humaniste libéré.

J'ai eu la chance de vivre une expérience structurante lorsque j'ai pris la direction de Kiabi Italie, il y a quatre ans. Nous avions réuni 200 personnes dans une salle pendant trois jours pour construire la stratégie, qui allait jusqu'à prévoir des fermetures de magasins. Les équipes ont été perturbées par ces décisions et nous les avons rencontrées, par groupes d'une vingtaine de collaborateurs, pour les écouter en leur demandant comment ils vivaient ce qui se passait. Nous les avons respectés, nous avons laissé les émotions s'exprimer. Et c'est là qu'est né notre projet de libération.

Des niveaux hiérarchiques ont été supprimés, l'absentéisme s'est effondré. Les 600 collaborateurs ont écrit leur livre sur la culture de l'entreprise, avec leurs dix valeurs. Aujourd'hui, l'Italie est un pays vraiment libéré. Je l'ai vécu comme une aventure humaine, avec un vrai terrain d'expérimentation.

Il n'y a pas « une » libération Kiabi, pas de mode opératoire de la libération. Il n'y a pas d'étape 1 qui prévoirait que tout le monde doit faire ça ou ça : chacun avance à un rythme différent ou n'avance pas. Mais pour engager et mener une transformation de cette nature, nous avons traité deux dimensions : la posture individuelle, avec un travail sur soi, et l'organisation.

Cette question de la posture individuelle est centrale. Un nouveau cycle ne peut démarrer pour l'entreprise que quand les personnes se prennent en main. Et la question pour Kiabi, c'est d'aider chacun à faire émerger sa libération. La clé pour chaque collaborateur, c'est d'oser la confiance pour exprimer tout son talent, au service de l'excellence.

Ma responsabilité, c'est de créer des espaces de confiance pour que chacun ait envie d'y aller. Comme c'est la somme des mouvements individuels qui fait la libération collective, le rôle du manager est d'accompagner chaque collaborateur dans son épanouissement et dans son développement. C'est un mouvement d'hommes. Si Kiabi ne crée pas un environnement propice, ça

☞

☞

ne fonctionnera pas. Ce qui suppose une nouvelle posture, à incarner en permanence.

En Italie, nous avions d'abord travaillé l'écoute, utilisé la communication non violente et sommes partis à la chasse aux ego, avec une position basée sur l'humilité et le respect. Au niveau du groupe, toutes les deux ou trois semaines, je passe une journée avec une vingtaine de collaborateurs, sans autre objectif que d'apprendre à écouter et à se respecter. Il y a un questionnement en début de journée : est-ce que cette libération fait sens pour moi ? Est-ce que c'est facile ou difficile ? Si chacun en sort en ayant le sentiment d'avoir été écouté et d'avoir pu s'exprimer, il aura envie de reproduire cette expérience. Nous organisons aussi des « journées libération » avec une cinquantaine de participants que nous amenons à travailler sur eux-mêmes : de quoi ai-je besoin pour cheminer vers cette libération ? Qu'est-ce que la confiance pour moi ? La confiance s'y incarne dans une écoute de l'autre sans jugement et avec bienveillance.

Une fois la confiance établie, il faut que chaque collaborateur sache où il va, en ayant faite sienne la stratégie, la vision. Ce qui suppose de la construire avec tous. La vision à 10 ans de Kiabi a été élaborée en écoutant 100 % des 8 200 collaborateurs. Chaque magasin, chaque site logistique, chaque équipe du Siège a répondu à quatre questions : de quoi est-ce que je rêve pour mes clients, pour moi, pour les parties prenantes, pour les actionnaires ? Ces *inputs* ont ensuite été synthétisés par thématiques, travaillées par des groupes de volontaires et redescendues jusqu'à la conseillère de vente. L'utilité de la vision est de donner un cap, même dans la tempête. Avec notre fond de pessimisme français, elle permet d'oser.

La stratégie sur 5 ans a ensuite été définie, puis chaque service et chaque *business unit* a écrit sa feuille de route à un an, avec plusieurs allers-retours pendant cette phase d'élaboration.

Nous nous animons aussi autour d'une même culture. Il s'agit de regarder les valeurs vécues et les croyances qui existent. Cette culture doit être incarnée. Nous avons ainsi mené un exercice avec une centaine de collaborateurs pour faire émerger nos croyances.

Si ce travail sur soi doit être mené avant de décider des organisations, c'est un peu l'œuf et la poule. Là s'est posée la question de l'organisation à réinventer pour mettre la décision au cœur des équipes de Kiabi. La difficulté est qu'il n'y a pas de modèle unique, rien n'est écrit d'avance.

Comment faire évoluer l'entreprise de silos par expertises et métiers vers une organisation par enjeux, qui sert une stratégie ? Comment passer d'une logique de « comment faire fonctionner un métier » à une logique de « comment obtenir un résultat » ?

☞

☞

Nous n'avons pas encore toutes les réponses quant à la structure managériale. D'un côté, je crois à une pyramide plate, avec des leaders, qui tournent, sont choisis par l'équipe, changeant en fonction de l'enjeu. De l'autre, si nous sommes sur de la libération avec une approche humaniste, il n'y a pas de métier à abattre : casser les managers ne rendra pas l'entreprise plus efficace.

Sur cette dimension organisationnelle, nous sommes en train de tester plusieurs initiatives. Le comité de direction a été transformé en comité de leaders. Chacun de ses membres a la responsabilité d'une zone de création de valeur : la marque, l'innovation, le client, etc. Chacun anime non hiérarchiquement un enjeu transversal qui mobilise des métiers de tous les « silos ». L'informatique fonctionne à 100 % en *lead management*, avec des cercles d'intelligence. La DRH travaille selon une démarche de *self management*.

Nous avons par ailleurs des prototypes : un magasin est en train de mener un test en auto-gestion. Un autre n'a plus de managers en dehors du directeur. Certaines régions n'ont pas de direction : les magasins s'auto-gèrent entre eux.

Une fois par an, nous nous réunissons à quelques centaines pour mener un bilan de ces initiatives : il s'agit de faire émerger les prototypes les plus efficaces, pour introduire de la convergence dans la libération.

Dans une forêt, chaque arbre a sa place, ceux qui ont besoin de lumière sont en haut, les graines ne poussent pas toutes. Une forêt est un organisme vivant auto-régulé, avec une vraie « intelligence collective ». Notre projet pour Kiabi, c'est que son fonctionnement devienne celui de la forêt.

Communication, médiatisation et marchandisation

La notion d'entreprise libérée ne générerait pas un tel engouement si les réflexions et réalisations en la matière n'avaient fait l'objet d'une communication aussi large, relayée par les médias et par des organisations qui en ont fait un véritable business.

Les premiers acteurs de cette communication sont bien sûr ceux qui ont formalisé une réflexion sur le sujet. Isaac Getz, notamment, est visible dans l'ensemble des médias, de même que les autres auteurs sur ce thème, à travers leurs blogs ou leurs comptes Twitter.

Selon leurs promoteurs, les différentes démarches qui se veulent en rupture avec les systèmes organisationnels actuels utilisent des appellations distinctes. L'entreprise libérée poussée par Isaac Getz, bien sûr. Mais aussi « l'holacratie » par Robertson et les cabinets qu'il a labellisés, ou la forme d'organisation promue par un auteur comme Frédéric Laloux, sur lesquelles nous reviendrons. Il est très rare qu'ils se réfèrent à d'autres approches que celle qu'ils promeuvent, ou qu'ils établissent des parallèles et analysent leurs différences. Ainsi, Isaac Getz n'utilise jamais le terme d'holacratie. Frédéric Laloux n'évoque à aucun moment dans ses écrits les notions d'entreprise libérée ou d'holacratie.

L'utilisation d'un terme propre à chacun permet de souligner le caractère innovant de leur approche spécifique et va parfois jusqu'au dépôt du concept. La notion d'entreprise libérée a ainsi fait l'objet d'un dépôt de marque à l'INPI. Quant au terme Holacracy, il est déposé par HolacracyOne LLC, l'entreprise dirigée par Brian Robertson. Ces différents auteurs ont chacun une activité de conférencier sur leur approche de ces enjeux.

Certains des dirigeants d'entreprise qui ont mis en œuvre une démarche de « libération » sont aussi très présents dans le débat, en consacrant une partie de leur temps à des interventions en entreprise ou à des conférences et conventions. C'est le cas de Jean-François Zobrist ou de Vineet Nayar, ancien PDG de HCL Technologies.

Une démarche de *storytelling* s'est de fait développée autour de la notion d'entreprise libérée et des approches connexes. Symbolique, la vidéo de l'agence Possum Interactive, écrite avec Isaac Getz, répond en une minute à la question « Qu'est-ce qu'une entreprise libérée ? ».

Une histoire, des « *spin doctors* » très actifs, une présence sur le net. Tous les ingrédients sont en place pour passer à l'étape suivante : la démultiplication de l'impact par les médias traditionnels. Nous avons évoqué dans l'introduction le reportage d'Arte sur « Le bonheur au travail ». Arrêtons-nous sur son contenu. Le « casting » de personnes sollicitées est riche et plutôt complet : Isaac Getz bien sûr, mais aussi Jean-François Zobrist, Vineet Nayar, de même que des dirigeants de Poult, Chronoflex, Harley-Davidson, Gore, etc. Les aspects couverts sont multiples : les limites des structures hiérarchiques, l'ego des dirigeants, les modèles alternatifs, la suppression du management, les équipes autonomes, le lien avec le *lean management*, les entreprises de la Silicon Valley, etc.

Cette volonté d'être le plus complet possible constitue la première limite du reportage : il donne le sentiment d'une compilation rassemblant des initiatives de tous ordres, issues de contextes très différents, avec une forte hétérogénéité, et dont le seul point commun est de se vouloir innovantes et d'être basées sur la confiance. L'analyse ne va pas plus loin.

La connaissance limitée qu'ont certains journalistes du monde de l'entreprise les amène parfois à présenter une vision caricaturale de ce que sont les organisations d'aujourd'hui, qui en seraient restées au taylorisme originel le plus pur. C'est cette conception qui rend par là même très flatteuses les expériences présentées dans le reportage.

La médiatisation du phénomène ne s'est pas arrêtée à cette émission. Dans les mois qui ont suivi, ce sont près d'une centaine d'articles qui sont parus sur le thème dans la presse écrite. De la presse économique aux quotidiens généralistes en passant par les hebdomadaires, mais aussi du JT de TF1 aux émissions de reportages de France Inter ou France Info, tous ont contribué à cet emballement. La plupart se sont appuyés sur les entreprises présentées comme les plus emblématiques.

Un autre phénomène doit être noté : il est de plus en plus fréquent que des dirigeants d'entreprise se revendiquent d'une démarche de « libération de l'entreprise » pour donner plus de visibilité à leur action et bénéficier d'un effet d'image. La démarche du cabinet Great Place to Work®[1], notamment, constitue pour certaines organisations une caution qui permettrait de s'autoproclamer entreprise libérée. Mais ici, la confusion est à son comble : il n'y a aucun lien entre la labellisation « Great Place to Work » et les ruptures organisationnelles décrites par les promoteurs de l'entreprise libérée. Une analyse objective de leurs modes de fonctionnement démontre qu'elles n'en ont pas les attributs. Sauf à considérer que toute entreprise qui prendrait des initiatives sur le bien-être au travail serait libérée.

Dans une approche presque militante, certaines entreprises proposent à celles qui seraient tentées par l'aventure de la libération de venir les visiter. C'est le cas par exemple de Chrono Flex qui a reçu de nombreuses entreprises curieuses de la démarche. Des *learning expeditions* dans les entreprises libérées sont même disponibles sur internet.

La marchandisation va plus loin. Certains cabinets de conseil commencent à intégrer cette thématique dans leur offre. Certaines pratiques sont typiques de la packagisation d'une offre marchande très classique. L'entreprise HolacracyOne est sans doute la plus emblématique dans cette stratégie de marchandisation. L'offre packagée est complète : des produits d'appel, avec une offre documentaire gratuite, une démarche de certification, des modalités de licence pour permettre à des consultants d'utiliser leur marque et leurs méthodes, des applications, des services et des softwares.

1. Entité française d'un réseau mondial de cabinets de conseil fondé en 1988 par deux consultants américains.

Après avoir présenté ce qui relève précisément de l'entreprise libérée, élargissons notre champ de réflexion en analysant l'ensemble des approches, modélisations d'expérimentations sociales et organisationnelles, ou concepts qui peuvent être considérés comme connexes. Ils ont pu inspirer les promoteurs de l'entreprise libérée, qu'ils le revendiquent ou pas. Nous nous autoriserons à couvrir aussi bien ce qui relève de travaux de recherche que de réalisations pratiques et expérimentations. À chaque fois, nous veillerons à positionner ces éléments par rapport à l'enjeu central traité par notre ouvrage : la libération de l'entreprise, ou plus largement sa transformation humaine et organisationnelle.

LE TAYLORISME ET SA CRITIQUE

Au départ était l'organisation scientifique du travail

Beaucoup ont retenu de Frederick Winslow Taylor[1] et de ses émules leurs travaux sur la décomposition du processus de production en une suite de tâches simples, chacune étant confiée à un ouvrier spécialisé. Cette approche, de type horizontal, vise à améliorer de manière radicale la productivité dans un contexte d'essor de la production industrielle de masse.

Mais le taylorisme comprend également une dimension verticale, avec une distinction totale entre « les ingénieurs [qui] pensent le travail et les ouvriers [qui] doivent l'exécuter conformément aux instructions et à la formation que les premiers leur fournissent ». Cette approche a des conséquences en matière de partage des informations : seules sont fournies aux collaborateurs celles qui sont nécessaires à la réalisation de leur tâche.

Taylor est mort il y a plus de 100 ans. Pour autant, la dichotomie entre décideurs et exécutants garde une emprise considérable sur nos modes de pensée. Elle continue à marquer au quotidien les relations de travail et les organisations, que nous en soyons conscients ou pas. Certes il n'y a plus ou quasiment plus aujourd'hui d'organisations tayloriennes au sens strict du terme. Mais qu'il s'agisse de néo-taylorisme ou de post-taylorisme, les logiques restent les mêmes : une organisation conçue sur la prescription par quelques-uns de ce que doit être le travail de tous les autres. « Les théories de l'organisation scientifique du travail ont beau avoir été abandonnées intellectuellement, elles restent sous-jacentes à la logique dominante. On continue à raisonner comme si une seule rationalité pouvait exister, dont une bonne organisation des tâches

1. Frederick Winslow Taylor, 1911, *The Principles of Scientific Management*, Harper and brothers Publishers.

et des circuits de décision pouvait assurer la mise en œuvre »[1]. Lorsque Michel Crozier écrit ces mots à la fin des années 80, il n'imagine sans doute pas qu'ils seront toujours d'actualité vingt ou trente ans plus tard.

En ce sens, la réflexion sur la libération de l'entreprise peut être analysée comme une nouvelle tentative de rompre enfin avec cet héritage taylorien.

Première prise de distance, l'école des relations humaines

Les réflexions actuelles s'inscrivent de fait dans le lointain prolongement des travaux de l'école des relations humaines, puisque ceux-ci ont contribué à réintroduire l'homme dans la réflexion sur l'organisation, au-delà de sa seule dimension mécaniste. Ils constituent la première approche critique d'ensemble du modèle taylorien. Arrêtons-nous quelques instants sur les apports de Mayo, Mc Gregor, Maslow et Herzberg, parmi d'autres auteurs marquants de ce mouvement.

Sur la base de son analyse d'expériences menées dans une usine de Western Electric entre 1927 et 1932, Elton Mayo introduit notamment la considération et la satisfaction qui en découle comme déterminants essentiels de l'efficacité au travail.

Ce qui a surtout été retenu de la production d'Abraham Maslow, c'est la hiérarchisation qu'il établit entre les différents besoins des individus, avec sa fameuse pyramide, d'ailleurs critiquée par Isaac Getz et Brian Carney. Mais la valeur ajoutée de ses apports réside en premier lieu dans la mise en évidence de trois types de besoins non pris en compte dans l'organisation promue par Taylor : les besoins sociaux d'appartenance et affectifs (s'identifier à un groupe et être reconnu par les autres), les besoins d'estime et de reconnaissance (rechercher un statut, l'autonomie, le respect) et le besoin d'accomplissement personnel (réaliser tout ce dont on est capable).

Les apports de Douglas Mc Gregor semblent toujours d'actualité quant au rapport de l'individu avec le travail. Il met en avant deux représentations possibles et opposées du salarié et du management. La première, dite théorie X, part d'un postulat : « L'individu moyen éprouve une aversion innée pour le travail, qu'il fera tout pour éviter. » Ce qui génère aussitôt une réponse managériale : « Les individus doivent être contraints, contrôlés, dirigés, menacés de sanctions, si l'on veut qu'ils fournissent les efforts à la réalisation des objectifs organisationnels. » Combinées, ces deux dimensions vont générer un cercle vicieux qui dégradera progressivement l'efficacité des individus.

1. Michel Crozier, *L'entreprise à l'écoute*, InterÉditions, 1989.

La seconde représentation de l'entreprise, ou théorie Y, part du postulat opposé : l'homme cherche à se réaliser dans le travail. Et l'organisation doit créer les conditions pour que ses collaborateurs « puissent atteindre leurs propres buts avec le plus de succès en dirigeant leurs efforts vers la réussite de l'entreprise ». Ce qui créera un système vertueux.

Douglas McGregor met en évidence un phénomène : chacun de ces deux systèmes va s'autoalimenter. C'est donc celle des deux théories à laquelle le management croira qui se vérifiera dans les faits. Le lien avec l'entreprise libérée est direct : « l'entreprise comment » renvoie à la théorie X. Et c'est parce que le dirigeant changera sa perception de l'homme au travail qu'il sera possible d'enclencher la dynamique de la théorie Y.

Frederick Herzberg se focalise quant à lui sur le contenu du travail comme source de motivation. Il estime nécessaire de repenser le découpage des tâches dans le sens d'un élargissement, en réorganisant le travail pour qu'il retrouve un sens pour celui qui le fait : développement de l'autonomie et des responsabilités confiées, montée en compétences de l'individu.

L'école des relations humaines introduit donc une rupture avec les logiques tayloriennes, en prenant en compte l'homme dans ses différentes dimensions, au-delà du seul aspect mécaniste de l'organisation scientifique du travail. C'est en ce sens qu'elle figure dans l'héritage reçu par l'entreprise libérée. Pour autant, contrairement aux réflexions récentes, celles de l'école des relations humaines s'inscrivent dans le cadre de la structure hiérarchique des organisations classiques, sans la remettre en cause.

Une rupture, avec l'école de la contingence

Les réflexions sur l'organisation sont souvent centrées sur la recherche normative de la meilleure organisation « en soi ». Taylor s'inscrit pleinement dans cette logique. L'apport majeur des théories de la contingence est au contraire de poser l'environnement de l'entreprise comme une donnée essentielle pour définir l'organisation qui lui est adaptée : ce sont les contraintes environnant l'entreprise, son marché en premier lieu, qui conditionnent les formes que prend cette organisation.

Les travaux d'Alfred Chandler mettent en évidence un impératif pour l'entreprise : adopter les choix organisationnels qui seront les plus pertinents pour permettre la mise en œuvre de la stratégie décidée par l'entreprise. La stratégie précède l'organisation et doit en être le déterminant premier.

Le croisement de ces apports avec les écrits et expériences autour de l'entreprise libérée peut conduire à deux conclusions contradictoires en apparence. D'une part, une légitimation de l'entreprise libérée : autant l'organisation taylorienne était une réponse adaptée à un environnement d'industrialisation accélérée, autant l'entreprise libérée serait la réponse à la période actuelle de mutations profondes de l'environnement de l'entreprise. D'autre part, une critique de l'entreprise libérée : le modèle organisationnel qu'elle dessine ne saurait être une réponse absolue, applicable quels que soient l'environnement de l'entreprise et la stratégie qu'elle veut mettre en œuvre.

C'est à partir de différents facteurs de contingence qu'Henry Mintzberg propose une typologie des entreprises. L'entreprise libérée serait de fait une combinaison du meilleur de trois d'entre elles : l'entreprise entrepreneuriale (absence de formalisme, leader fort), l'adhocratie (organisation flexible et adaptable) et l'entreprise missionnaire (choix stratégiques et motivation fondés sur une mission forte).

Éloignons-nous maintenant de ces travaux de recherche pour nous intéresser à différents apports relevant de l'expérimentation et de la pratique.

LES INNOVATIONS ORGANISATIONNELLES ET MANAGÉRIALES DEPUIS LES ANNÉES 70

Le lean management

Inspiré de méthodes nées au Japon, le *lean management* a été expérimenté sur les lignes d'assemblage de Toyota au début des années 70. Mais c'est aux États-Unis, dans les années 90, que ses principes ont été formalisés[1]. Il s'est ensuite généralisé dans l'industrie automobile, puis s'est imposé comme la méthode d'organisation de la production de nombreux grands groupes industriels. Non seulement au niveau des ateliers de fabrication (*lean manufacturing*), mais aussi en amont et en aval de la production. L'approche a ensuite été élargie aux activités de service.

Le *lean management*, ou plus simplement *lean*, peut être défini comme une approche organisationnelle centrée sur l'optimisation des flux de l'entreprise et visant des objectifs de productivité, de qualité, de délais et de réduction des coûts.

La philosophie du *lean* est simple : la valeur ajoutée d'une entreprise est constituée par « tout ce que le client est prêt à payer ». Le préalable de la démarche consiste donc à identifier ce qu'est la valeur du point de vue du client. Puis à analyser l'enchaînement des actions à valeur ajoutée qui permet de fournir le produit ou service au client. L'entreprise s'assurera

1. James P. Womack et Daniel T. Jones, 1996, *Lean Thinking*, Simon & Schuster, Inc.

ensuite de la fluidité du processus, sans « files d'attente », avec des actions qui devront être menées au niveau des processus globaux, mais aussi une logique d'amélioration continue du travail individuel. Cette logique, appliquée de manière systématique, conduit à développer des techniques de lissage permettant d'éviter les pics et les creux de production.

L'un des apports du *lean* réside dans le recensement des sources potentielles de gaspillage : attente des pièces du fait d'une mauvaise gestion des stocks, temps de transport trop longs, processus excessivement complexes, opérations inutiles, non qualité qui apparaît à tel ou tel moment, surproduction éventuelle, etc. Ce travail associe les salariés positionnés aux différentes étapes du processus, d'amont en aval, au plus près du terrain : « Qui mieux que celui qui pédale peut trouver la bonne façon de monter la colline ? »

Cette opération s'effectue d'autant plus facilement que les salariés sont dans une relation de confiance avec leur employeur. Ils participent ainsi à la recherche d'une meilleure utilisation de leur temps et de leurs compétences, et donc à la performance et au maintien durable de leur activité et *in fine* de leur emploi.

Le *lean* a permis à certaines entreprises de réaliser des gains de productivité importants. Son implémentation a été à l'origine de la survie de sites industriels en difficulté. Le groupe L'Oréal estime pour sa part que son déploiement a permis de gagner 20 % de capacités supplémentaires en deux ans. Avec cette approche, le groupe Essilor a divisé par deux les taux de non-conformité de l'ensemble de ses usines en trois ans[1].

Pour autant, le *lean* fait l'objet de critiques. L'Agence Nationale pour l'Amélioration des Conditions de Travail exprime une inquiétude : « Plusieurs études et communications scientifiques questionnent l'atteinte de ces objectifs, alertant même sur des risques de dégradation des conditions de travail. » Des enquêtes de terrain ont en effet mis en évidence un lien étroit dans certaines entreprises entre le déploiement du *lean* et l'augmentation des accidents du travail ou le développement des troubles musculo-squelettiques. Le *lean* entraînerait aussi une intensification du travail. Poussée à outrance, la standardisation, principe clé du *lean*, peut également conduire à supprimer les marges de manœuvre et à tuer la créativité. Enfin, relayés par les organisations syndicales de certaines entreprises, des salariés ont pu exprimer un sentiment de manipulation quand la recherche de gains de productivité avec leur participation active a entraîné non seulement une dégradation du bien-être au travail, mais aussi des suppressions de postes.

1. Exemples cités par l'*Usine Nouvelle* n°3361 du 23 janvier 2014.

De fait, il n'y a pas un *lean*, mais plusieurs, avec une grande diversité des formes d'application. Celles-ci dépendent en premier lieu des objectifs recherchés : l'entreprise est-elle dans une démarche de progrès ou de *cost killing* visant des gains immédiats ? Elles varient ensuite en fonction des modalités de mise en œuvre : la démarche est-elle descendante ou construite localement avec les acteurs concernés ? Elles sont différentes, enfin, selon les outils déployés, ceux qui répondent à un besoin effectif ou ceux qui sont labellisés par la méthode.

Les démarches de court terme, dans lesquelles les décisions ne sont pas prises par ceux qui auront à les faire vivre, dénaturent l'esprit originel du *lean* et le discréditent la démarche.

A contrario, certaines démarches de *lean* travaillent à concilier recherche d'efficacité et bien-être des salariés. Elles font confiance à celui qui fait, car lui seul saura ce qui est le plus efficace en situation. Elles veillent à ce qu'il s'exprime sur la réalité de son travail, ce qui favorisera bien sûr l'appropriation de la démarche et facilitera les remontées d'information. Dans ces entreprises, le *lean* est piloté sur le terrain directement par les opérateurs. Rappelons que chez Toyota, un ouvrier a le pouvoir d'arrêter une chaîne de production s'il constate un défaut.

C'est dans cette optique qu'il est possible de construire des ponts avec l'entreprise libérée. Les deux approches coexistent aujourd'hui dans certaines organisations. Sur le fond, le mouvement est le même : celui de la participation de tous. Et certains considèrent que la transformation du mode de gouvernance induite par l'entreprise libérée est complémentaire de l'esprit initial du *lean*, avec ses processus simplifiés.

Pour autant, l'approche diffère sur un point : pour le *lean*, la participation est la conséquence d'une méthode structurée et animée fortement par des relais internes, les *black*, *green* et *yellow belts* et les champions. Alors que les entreprises dites libérées privilégieront le mouvement spontané.

Témoignage

Le *lean management* comme démarche de responsabilisation des collaborateurs, par Vincent Euzenat, Mélanie Collet et Alexandre Bernard

Vincent Euzenat est Directeur de l'usine Suchard-Mondelez de Strasbourg, Mélanie Collet, Responsable RH et Alexandre Bernard, Responsable Lean Management. *Cette usine a été acquise en 1931 par la famille Suchard. Cette chocolaterie fait partie de Mondelez International depuis 1992. Elle compte 240 collabora-*

☞

☞

teurs permanents et une centaine de saisonniers. Parmi les 23 usines de cette division en Europe, elle est aujourd'hui la plus petite mais aussi la plus performante.

En 2009, au moment où nous avons lancé notre démarche de *lean manufacturing*, nous étions véritablement en lutte pour notre survie. Dès le départ, nous avons choisi de mettre l'homme au centre de la démarche et non pas de nous contenter de mettre en place des outils. C'est ce qui explique en grande partie le redressement de la performance du site en 5 ans avec les mêmes produits, les mêmes équipements et les mêmes équipes.

En février 2014, les directeurs des autres usines du groupe et leurs responsables sont venus visiter le site pour voir ce que nous avions mis en place en matière de *lean manufacturing*. Ils s'attendaient à ce que nous partagions nos bonnes pratiques sur les aspects techniques et méthodologiques du *lean*, mais nous avons volontairement mis l'accent sur l'accompagnement du changement et les aspects humains de cette approche. En effet, ce qui l'emporte largement, c'est le travail que nous avons conduit pour rendre nos collaborateurs autonomes et créer des relations de confiance avec eux.

Nous avons tout d'abord fait tomber le mur entre les équipes de production et celles de maintenance. Plus exactement, la maintenance a intégré les équipes de production. L'équipe ainsi créée devenait pleinement responsable des résultats de la ligne de production. Ceci lui a permis de monter son niveau d'expertise sur les équipements confiés et d'être beaucoup plus réactive en cas de panne. Notre efficience technique a ainsi fortement progressé et est devenue la meilleure des 23 usines.

Parallèlement, une nouvelle fonction de coordinateur de ligne, responsable de la performance globale de son secteur, a été créée avec la responsabilité de l'ensemble des indicateurs : santé, sécurité, qualité, coût, délai, motivation et environnement. Il manage à la fois les ressources de production et de maintenance sur son secteur, ce qui lui donne l'ensemble des leviers pour piloter la performance.

Par ailleurs, nous avons beaucoup travaillé sur le management : suivi régulier des collaborateurs, qualité de l'évaluation de la performance, etc. en recherchant en permanence le meilleur équilibre entre d'un côté le niveau d'exigence, de l'autre le support aux collaborateurs. Le management de l'usine a ainsi évolué d'un rôle traditionnel de « chef » à celui de manager-développeur qui fait grandir ses équipes.

C'est en premier lieu un état d'esprit qui a été décisif pour conduire nos transformations, en passant des « 5 bonnes raisons pour ne pas faire » à « je pourrais faire si… ». Avec l'ensemble du comité de direction nous avons ainsi démarré une véritable chasse aux idées reçues. Par exemple, l'idée selon laquelle « on a peu d'influence pour réduire l'absentéisme » a été combattue à tous les

☞

niveaux de l'organisation. Une méthodologie *lean* a été appliquée à la résolution de cette problématique RH avec un groupe pluridisciplinaire. Nous sommes alors passés de la lutte contre l'absentéisme au support au présentéisme. Ceci se traduit par un plan d'action équilibré entre recadrage et soutien. Une réunion quotidienne de 15 minutes avec les ingénieurs de production, l'infirmière, la RH, les gestionnaires planning a été mise en place pour l'élaboration et le suivi du plan d'action. Les regards croisés permettent de prendre au cas par cas les décisions les plus pertinentes. En moyenne, 120 actions sont menées chaque année. Elles ont permis de réduire l'absentéisme de 25 % puis de le maintenir à un niveau acceptable.

Aujourd'hui, nous souhaitons aller plus loin sur le chemin de la responsabilisation des collaborateurs. Nous avons profité de la dernière journée annuelle d'arrêt de l'usine pour lancer notre « voyage » vers l'entreprise libérée, dans une logique expérimentale.

Nous disposons en effet d'un terreau favorable pour donner plus de marges de manœuvre aux acteurs : l'esprit de famille est très fort dans les équipes. Il y a peu de clivages entre cols bleus et cols blancs. Les équipes savent s'organiser de manière autonome selon les pics d'activité saisonniers. Le collectif passe souvent avant l'individuel dans l'esprit de chacun. Le dialogue social est également de bonne qualité.

Nous souhaitons offrir un environnement propice à la prise d'initiative des salariés sur le terrain. Lors d'un chantier d'une semaine avec 30 employés et ouvriers d'une ligne de production, ceux-ci ont proposé de remettre en cause l'un des postes de travail. Après de longues réflexions, ils ont, de manière unanime, pris la décision de supprimer ce poste en s'organisant différemment. Une décision difficile qui est aussi une preuve de maturité collective : elle leur a permis de comprendre qu'ils pouvaient se saisir de sujets plus complexes que les seules conditions de travail.

D'autres thèmes ont été traités de la même manière sur d'autres lignes de production. Il n'y a pas de limite au champ ouvert par la prise d'initiative.

Les équipes autonomes

Moins standardisées et uniformes que les démarches de *lean*, de multiples initiatives ont fleuri à partir des années 70 dans l'industrie. Elles visaient toutes à capitaliser sur l'autonomie accordée aux équipes de production. Les limites du taylorisme et la nécessité de les dépasser ont rencontré à cette période tout un courant culturel inspiré par l'autogestion, dans la droite ligne de mai 68. Nombre de ces initiatives ont d'ailleurs été lancées après un conflit social, comme les modules autonomes mis en place par Renault dans son usine du Mans suite à la grève de 1973. Les termes utilisés ont varié selon les entreprises et les secteurs : équipes autonomes, îlots de production, unités élémentaires de travail, mini-usines, équipes à responsabilités élargies, équipes semi-autonomes.

En arrière-plan, ces nouvelles organisations de travail s'appuyaient sur une logique de responsabilisation de l'opérateur au sein d'une entité de taille limitée : une équipe de production de 5 à 20 personnes, en général. Dans une telle entité, les opérateurs assurent eux-mêmes le suivi qualité de leur production ainsi que des tâches de maintenance de premier niveau. Il est attendu d'eux qu'ils proposent des améliorations. Il y a donc un enrichissement des tâches, appuyé sur une polyvalence accrue.

Depuis, des entreprises ont fait machine arrière, du fait de certaines limites : les suggestions n'étaient pas toujours prises en compte. Les processus restaient normés et minutés, a fortiori lorsqu'en parallèle était mise en place une démarche de juste à temps. La recherche permanente de productivité générait une chasse aux temps morts, contradictoire avec l'autonomie.

Néanmoins, ces nouvelles organisations ont indubitablement permis aux entreprises qui les mettaient en œuvre de dépasser la conception taylorienne de l'opérateur strict exécutant des consignes.

La sociocratie

Si le terme sociocratie est emprunté à Auguste Comte, c'est le dirigeant d'une entreprise familiale néerlandaise qui en a formalisé les principes au début des années 70. Il cherchait alors à améliorer l'organisation de son entreprise pour traiter les conflits qui l'affaiblissaient régulièrement. La démarche sociocratique vise à mettre en place un nouveau mode de gouvernance qui donne la parole aux minorités et accorde un poids à chacun. La préoccupation est de dépasser les enjeux de pouvoir et les logiques d'ego pour développer une communauté d'intérêts.

L'organisation est structurée en cercles composés de collaborateurs au pouvoir équivalent et partageant une finalité commune. La répartition des responsabilités entre eux est décidée sur proposition du cercle, sans candidat déclaré. Ces cercles sont autant d'organisations semi-autonomes en charge des décisions politiques, autres qu'opérationnelles au sens quotidien du terme. Les décisions sont prises sur la base d'un consentement obtenu une fois les objections argumentées traitées et levées. À défaut, pour éviter le blocage, la décision remonte dans la structure.

Par rapport aux démarches de libération de l'entreprise, la sociocratie apporte une réponse possible quant à la structuration du processus de décision.

Le principe de subsidiarité

La notion de délégation est bien connue des entreprises : elle consiste pour une autorité (une entreprise, un dirigeant, un manager) à transférer à un collaborateur une partie bien délimitée de ses responsabilités, et notamment de ses capacités d'action et de décision. Elle est en règle générale accompagnée du contrôle.

Le principe de subsidiarité est souvent confondu avec la délégation. Il consiste à considérer que toute responsabilité doit être assumée par le niveau directement confronté à la problématique à résoudre, les échelons supérieurs n'intervenant que si la réponse à donner excède les capacités du niveau évoqué.

Aujourd'hui mis en œuvre comme principe de management et d'organisation par des entreprises comme Vinci ou Cofely Ineo, le principe de subsidiarité a été transposé à l'entreprise à partir des années 80. Il trouve son origine dans la pensée de Saint Thomas d'Aquin et chez plusieurs auteurs[1] dont les réflexions ont influencé la rédaction de l'encyclique Rerum novarum de 1891, texte fondateur de la doctrine sociale de l'Église catholique. Il est surtout connu du grand public pour son application à une organisation complexe, l'Union européenne.

Délégation et subsidiarité ont en commun d'être des formes d'autonomie, qui rapprochent pouvoir de décision et pouvoir de réalisation. Mais le principe même de la délégation est construit sur un postulat : la décision appartient au sommet, qui la concède par exception à la base. Alors qu'avec le principe de subsidiarité, au contraire, la décision appartient à la base qui ne fait appel au niveau supérieur que par exception.

La différence entre les deux approches n'est pas que d'ordre conceptuel. En effet, considérer par principe que la décision appartient aux acteurs confrontés aux enjeux, affranchis des lourdeurs des processus de décision des organisations bureaucratiques mais aussi du contrôle, est pleinement cohérent avec les logiques de libération de l'entreprise.

La sociodynamique

Initiée au début des années 70 par un consultant, Jean-Christian Fauvet, pour traiter dans l'entreprise les conflits sociaux, la sociodynamique a

1. Le philosophe Johannes Althusius et le prêtre jésuite Taparelli d'Azeglio, notamment.

façonné depuis les pratiques de nombreux dirigeants. Elle est encore utilisée par des cabinets de conseil dans leurs interventions et un institut de la sociodynamique a été créé en 2013.

Cette école de pensée analyse les organisations comme des champs de forces dans lesquels les contraires s'affrontent et se complètent. Elle vise à réconcilier les objectifs de l'institution et les aspirations du corps social, d'où un discours privilégiant la recherche de convergence. Les managers jouent un rôle central dans cet équilibre, puisqu'ils représentent à la fois l'institution, en portant la stratégie et en organisant l'activité, et le corps social dont ils font remonter les attentes.

La sociodynamique s'est progressivement intéressée aux enjeux organisationnels, ce qui l'a conduite à développer un ensemble de concepts autour des stratégies de changement. Jean-Christian Fauvet a ainsi établi une typologie des différents types d'organisation en fonction de deux dimensions : leur niveau de cohésion interne et leur degré d'ouverture sur l'extérieur.

L'organisation dite « holomorphe » est celle qui combine les deux dimensions à un niveau élevé. Le management n'impose pas, mais intervient sur la base d'un équilibre entre animation et négociation. C'est dans ce type d'entreprise qu'émergent des groupes auto-organisés où les acteurs sont libres, mais enclins à mettre leur liberté au service du projet. Cette organisation holomorphe est très proche de l'entreprise libérée. Jean-Christian Fauvet parle d'ailleurs de « libérer les gens ». Par ailleurs, il évoque « la délégation à rebours » qui, dans le contenu qu'il y met, est très proche du principe de subsidiarité. Une entreprise comme FAVI s'est beaucoup appuyée sur la sociodynamique pour mener sa transformation.

L'Entreprise du troisième type

Dans *L'Entreprise du troisième type* publié en 1984, Georges Archier et Hervé Serieyx, alors dirigeants du groupe Lesieur, estiment ouverte l'ère du « taylorisme à l'envers » : « On a longtemps considéré le salarié comme une main ; on le considère encore comme une main et un cœur, oubliant qu'il est cela, certes, mais qu'il est d'abord et de plus en plus aujourd'hui une tête ».

Les auteurs en déduisent des règles pratiques d'organisation et de gestion. L'une des clés, c'est l'élaboration par l'ensemble du personnel d'un projet d'entreprise partagé qui fonde le consensus des salariés sur des objectifs communs.

« Ce qui va désormais prévaloir, affirment-ils, ce sera une relation entre d'un côté, une entreprise qui se définit comme un noyau de compétences tendu vers un projet ; de l'autre, un professionnel sûr de sa compétence et qui se comporte en homme libre, à la recherche de l'entreprise dans laquelle il pourra investir son potentiel personnel. »

Un « homme libre » qui adhère à un projet d'entreprise ou à une vision : plusieurs des ingrédients de l'entreprise libérée sont d'ores et déjà articulés.

La pyramide inversée

La notion de pyramide inversée a été reprise par Jean-Marie Descarpentries et Vineet Nayar, tous deux dirigeants d'entreprise et auteurs d'ouvrages en management. Mais elle a été conçue à l'origine par Jan Carlzon, patron de la compagnie aérienne scandinave SAS, qui l'a popularisé dans son ouvrage *Renversons la pyramide !*[1].

Il y explique comment il a pu, avec cette approche et en quelques années seulement, redresser cette société et la hisser au premier rang européen : « *La nouvelle organisation du travail supposait que les décisions ne soient plus systématiquement prises au niveau de la direction centrale. Dans ces conditions, on peut réduire les effectifs chargés d'élaborer les règlements et instructions, de veiller à leur distribution et d'en constater l'exécution. Comme il n'était plus question de tout diriger d'en haut, nous n'avions plus besoin des rapports destinés à nous renseigner sur les détails de mise en œuvre. Tous ces documents ont été supprimés. [...] Il s'agissait de gagner la confiance des gens à la base de l'organisation. Ils n'avaient jamais été habitués à opérer des choix.* »

L'approche de Jan Carlzon se base sur un diagnostic : les organisations traditionnelles tendent à écraser les employés et à négliger les clients, en faisant la part belle aux dirigeants et aux directions fonctionnelles. S'y ajoute une conviction : dans les sociétés modernes, l'homme est compétent, responsable et entreprenant. Il s'agit donc de maximiser l'autonomie au contact direct des clients en donnant le pouvoir de décision à la base, de l'appuyer par une organisation horizontale et de placer le reste de l'organisation, à son tour, au service de ces collaborateurs.

Plusieurs des éléments caractérisant l'entreprise libérée figuraient dans cette approche, développée il y a trente ans.

L'entreprise libérée, ouvrage paru en 1993

Nous l'avons vu, la marque « Entreprise libérée » a été déposée à l'INPI en 2013. Son propriétaire est la société par actions simplifiée LABLIB dont

1. Jan Carlzon, *Renversons la pyramide !*, Inter Éditions, 1986.

Isaac Getz est le Président. Pour autant, la notion est beaucoup plus ancienne et a une histoire. C'est en 1993 qu'est paru en France chez Dunod un ouvrage de près de 700 pages, titré *L'entreprise libérée*, avec pour sous-titre, en anglais, *Liberation management*. Son auteur, Tom Peters, ancien consultant de McKinsey, est surtout connu pour le succès obtenu quelques années auparavant avec *Le prix de l'excellence*, co-écrit avec Robert Waterman.

L'approche de Tom Peters dans *L'entreprise libérée* combine l'analyse de quelques cas d'entreprise qu'il présente avec un style surprenant pour qui n'est pas familier avec une certaine vulgarisation managériale made in USA. Pour autant, certains ingrédients constitutifs de la notion d'entreprise libérée, telle que promue aujourd'hui, sont bel et bien présents : décentralisation radicale, entreprise organisée en groupes de personnes responsables, autonomes et pluridisciplinaires, suppression des barrières fonctionnelles, absence d'organigramme, fonctionnement en réseau.

Son approche traite de ce qui renvoie à l'individu et à sa place dans l'entreprise, mais aussi aux aspects plus formels de l'organisation : « On a beau céder une autonomie illimitée à des individus sacrément motivés, ceux-ci n'arriveront à rien tant que la structure d'ensemble dans laquelle ils agissent reste hiérarchique et sclérosée. Ce n'est qu'en débouchant les artères de l'entreprise (la structure) et en refaisant de A à Z l'installation électrique (le système) qu'on pourra éviter le gâchis de talents et de bonne volonté auquel on assiste aujourd'hui » écrit-il.

Une telle approche, sans caractère scientifique et sans contextualisation des cas étudiés, limite bien sûr considérablement l'intérêt de la réflexion. Pour autant, il faut reconnaître à Tom Peters une certaine intuition quant aux formes organisationnelles émergentes, vingt ans avant le buzz sur l'entreprise libérée.

LES RÉFLEXIONS RÉCENTES

De l'holacratie de Brian Robertson à l'expérience Zappos

L'holacratie est un modèle organisationnel conçu par Brian Robertson qui en a expérimenté les principes à petite échelle dans l'entreprise de développement informatique qu'il avait créée en 2001. Il existe une « constitution » de l'holacratie, document d'une trentaine de pages qui définit l'ensemble des éléments d'une telle organisation. Depuis 2007 à la tête de l'entreprise HolacracyOne, Brian Robertson dédie son activité à la popularisation et à la commercialisation de cette approche.

L'entreprise est abordée comme une entité dotée de sa propre mission, qui dépasse les individus. Dès lors, le dirigeant ne peut maîtriser toute la complexité de l'entreprise et de son environnement et doit donc s'employer à faire éclore le potentiel de son organisation. L'holacratie considère le collaborateur comme un capteur susceptible d'émettre des signaux et d'enrichir l'approche de l'entreprise.

Chaque collaborateur assure plusieurs rôles et dispose pour cela d'un espace de liberté, sans dimension hiérarchique. Comme pour la sociocratie, des cercles sont constitués, chacun englobant une équipe. Ils disposent d'une large autonomie pour atteindre leurs objectifs.

Différents outils de régulation sont mis en place pour traiter les écarts et prendre des décisions. Une décision est adaptée quand il n'y a plus d'objection argumentée. Ce fonctionnement permet d'assurer un pilotage dynamique de l'action durant son déploiement, à l'opposé des logiques de planification.

Le succès de l'holacratie est pour partie lié à l'histoire d'une entreprise, Zappos. Fondé en 1999, Zappos est une plateforme de vente en ligne de chaussures et de vêtements, qui réalise aujourd'hui un chiffre d'affaires annuel d'environ un milliard de dollars. Son co-fondateur, Tony Hsieh, toujours à sa tête malgré le rachat en 2009 par Amazon, avait déjà créé l'événement en 2010 avec la publication de son ouvrage *Delivering Happiness*[1], qui l'avait installé comme une figure majeure de la nouvelle économie et de ses pratiques de management. Fin 2013, il a annoncé la suppression des titres et des fonctions de managers ainsi que la mise en place de 400 cercles qui sont autant d'espaces où les 1 500 collaborateurs pourront assumer plusieurs rôles.

En 2014, des critiques[2] se sont élevées contre ce modèle. La première souligne que l'holacratie ne fait pas disparaître la hiérarchie, mais en construit une nouvelle avec les cercles enchevêtrés. Sont également contestées la complexité et la lourdeur des procédures de gouvernance. Une dernière critique concerne la place du client, absent d'un modèle holacratique focalisé sur les modes de fonctionnement internes.

1. Version en français : Tony Hsieh, *L'entreprise du Bonheur*, Leduc.s Éditions, 2011.
2. Par exemple : *Is Holacracy Succeeding at Zappos?*, Steve Denning, Forbes, 23 mai 2015.

Les employés d'abord, les clients ensuite[1], ouvrage de Vineet Nayar

À la tête de HCL Technologies, société indienne de services informatiques, Vineet Nayar développe dans cet ouvrage une vision inversée des priorités pour l'entreprise. Il souligne que la véritable « zone de valeur » se situe là où les opérationnels interagissent avec les clients pour créer des solutions sur mesure. Et donc qu'en se centrant d'abord sur ses collaborateurs et en leur permettant d'exprimer leur créativité, l'entreprise créera plus de valeur ajoutée pour ses clients qu'en étant d'abord focalisée sur ces derniers ou sur les produits : « Les clients commencèrent à comprendre qu'en faisant passer les employés d'abord, notre objectif était de créer plus de valeur pour eux. »

Il s'appuie pour cela sur les démarches qu'il a mises en place pour mener en plusieurs étapes la transformation culturelle de son entreprise. Dans un premier temps, il a analysé la réalité de sa situation et identifié les faiblesses en multipliant les échanges. Parallèlement, l'entreprise a mis sur pied sa vision du futur : « En 2009, nous avons décidé que les trois cents directeurs prépareraient leurs plans stratégiques et en feraient des enregistrements audio, qui seraient postés sur un portail [...]. Tout le monde se sentait capable de contribuer à ce processus de réflexion et de planification stratégique. Les gens comprenaient mieux les challenges, intégraient le plan stratégique, et pouvaient s'aligner dessus d'une façon inconnue auparavant. »

Aller plus loin impliquait de créer une culture de confiance : « J'étais convaincu que l'une des manières de libérer ce talent serait de rendre notre culture participative. Pour obtenir des gens qu'ils participent plus, nous devions créer une culture de la confiance, et pour ce faire, il nous fallait plus de transparence. »

La troisième étape concernait tous les moyens d'inverser la pyramide organisationnelle en plaçant les employés au sommet avec une logique de responsabilité inversée : « Nous voulions que certains éléments de la hiérarchie rendent un peu plus de comptes à la zone de création de valeur. »

Le rôle du PDG a ensuite été redéfini, avec une décentralisation du processus de décision. « J'ai appris à cette époque qu'en tant que PDG [...], il faut résister à l'obsession de répondre à chaque question ou de donner une solution à chaque problème. Au contraire, il faut commencer à poser soi-même les questions, à envisager les autres comme sources de changement, et transmettre la responsabilité de la croissance de l'entreprise

1. Vineet Nayar, *Les employés d'abord, les clients ensuite : comment renverser les règles du management*, Diateino, 2011.

à une nouvelle catégorie de leaders, celle qui est plus proche de la zone de création de valeur. »

Les actions mises en œuvre au sein de HCL Technologies sont classiques : diagnostic participatif, transparence sur les processus de décision, blog du PDG, foire aux questions, appréciation au travers d'une démarche 360°, etc. Néanmoins, deux éléments renforcent l'intérêt de cette expérience. D'une part, le pragmatisme de Vineet Nayar, qui a joué de tous ces leviers dans un laps de temps très court, sans plan d'action préétabli, s'adaptant aux réactions de ses salariés et de ses clients et fonctionnant par essai-erreur, tandis qu'il reste ancré sur ses convictions et partis pris. D'autre part, ces partis pris eux-mêmes, en rupture avec les pratiques de management néo-taylorien du secteur informatique dans les années 1990-2010.

Témoignage

Les collaborateurs d'abord : leitmotiv d'une transformation réussie, par Anne-Marie Hubert et Sandrine Benedetti

Anne-Marie Hubert est Directrice Île-de-France de Manpower et Sandrine Benedetti, Responsable du développement des compétences managériales. Manpower est l'un des leaders mondiaux du recrutement, acteur majeur en France depuis 1957, avec un réseau de 650 agences. L'Île-de-France est une des 5 zones géographiques du groupe en France.

En 2011, la situation économique de l'activité Île-de-France était très dégradée et les collaborateurs se disaient épuisés. Ils venaient de vivre une période de restructurations successives, le marché ayant fortement régressé en un an. Les dirigeants précédents avaient dû alors réagir très vite : des agences ont été fusionnées, le *back-office* séparé du *front-office*, de nouveaux processus mis en place, des départs non remplacés.

Nous avons pris le temps de poser un diagnostic détaillé sur l'ensemble de notre système commercial. La première question a été : « Comment font les clients pour s'y retrouver ? » Le positionnement commercial de nos agences était très variable, certaines étaient spécialisées sur un métier, d'autres sur une zone géographique. Le client pouvait donc avoir plusieurs interlocuteurs pour une même mission et nos collaborateurs intervenaient chacun sur une partie seulement de la relation client. Aucun n'était pleinement responsabilisé sur la satisfaction finale des entreprises.

Par ailleurs, nous manquions de réactivité alors que les besoins de nos clients devenaient plus complexes et exigeaient des réponses immédiates. Dans un contexte de chômage élevé, avec une concurrence accrue, une seule possibilité :

☞

☞

changer totalement de modèle, responsabiliser les collaborateurs et aligner nos modes de fonctionnement sur les véritables besoins de nos clients.

Depuis le début, nous étions convaincus que cette transformation serait un succès si nous parvenions à redonner aux collaborateurs confiance en eux. Nous avons décidé de faire converger nos objectifs en mettant en place une organisation simple et pérenne, centrée sur les besoins de nos clients et qui permette de remotiver les collaborateurs.

Nous avons dessiné une nouvelle organisation, avec des agences spécialisées par ligne métier. L'idée était de transformer 45 petites agences en 26 plus grandes, réparties sur 14 sites, chacune étant responsable d'une ligne métier. Cette organisation apporte une nouvelle force de frappe commerciale et une vraie simplicité opérationnelle. Le client a une agence unique comme point d'entrée pour passer ses commandes, quel que soit le métier concerné. Les intérimaires bénéficient d'une proximité terrain et d'une réponse professionnelle d'expert métier. Les collaborateurs peuvent construire des relations privilégiées avec leurs clients, en étant en position de répondre à toutes leurs attentes et en recevant *in fine* la reconnaissance d'un travail de qualité.

Travailler uniquement sur l'organisation ne pouvait suffire. Nous avons donc amorcé un important projet d'accompagnement des collaborateurs. L'objectif était qu'ils retrouvent du plaisir au travail. Ce mot, « plaisir », n'était pas un mot que nous avions l'habitude d'utiliser. La Direction des Ressources Humaines Manpower France et la Direction Innovation et Organisation souhaitaient de leur côté mettre en place un dispositif de formation à la conduite du changement pour soutenir le déploiement du plan stratégique du groupe, Envergure 2016. Début 2014, la réorganisation de la direction régionale Île-de-France était identifiée comme une condition de réussite de ce plan.

Nous étions convaincus que cela n'avait plus de sens de regarder le changement comme une menace ou de parler des freins au changement. Nous devions donner à nos collaborateurs la capacité d'être épanouis dans un contexte mouvementé. Le bien-être au travail est une compétence qui peut être travaillée.

Nous avons défini un programme d'accompagnement permettant de donner aux managers de la région des clés pour susciter les comportements nécessaires à notre plan stratégique : initiative, créativité, coopération, efficacité. Ceci à partir de la satisfaction des attentes de leurs collaborateurs vis-à-vis de leur travail.

Nous avons commencé par faire travailler ensemble les directeurs de secteurs sur des actions visant le développement de la motivation de leurs responsables

☞

☞

d'agence. Ils ont identifié les comportements managériaux et les décisions à prendre pour que les responsables d'agences se sentent utiles et efficaces, trouvent du sens à leur travail et prennent des initiatives. Dans un second temps, directeurs de secteurs et responsables d'agence ont été formés de façon approfondie au développement de la « motivation autonome ».

Puis, nous avons mis en place la nouvelle organisation, avec un important déménagement en un week-end. Les responsables d'agences se retrouvaient à plusieurs sur un même site : nous devions les préparer à travailler ensemble au quotidien. Nous avons mis en place des groupes de co-développement pour leur permettre de partager, de s'entraider entre pairs et de créer les conditions de leur coopération.

Récemment, nous avons organisé des groupes d'écoute, en recevant les 180 collaborateurs de la région par groupe de quinze. Nous avons recueilli leurs perceptions concernant les améliorations obtenues et ce qu'il reste à améliorer.

Les premiers résultats de cette transformation sont déjà palpables. L'enthousiasme des équipes est au rendez-vous. Les collaborateurs se sentent à nouveau utiles, en apportant à leurs clients une véritable expertise et une valeur ajoutée. Nos chiffres sont en progression et nous reprenons des parts de marché. Ce projet est un vrai succès. Il a tout particulièrement contribué à donner de nouvelles marges de manœuvre aux responsables d'agence, alors qu'ils avaient auparavant l'impression d'être enfermés dans l'application de processus. Avec cette réorganisation, nous leur avons donné la possibilité de prendre des initiatives et des décisions locales sur leur organisation.

Aujourd'hui, notre comité de direction a décidé de déployer les formations sur la motivation autonome à tous les managers de l'entreprise et notre plan Envergure intègre désormais un « volet humain », nourri par une politique de qualité de vie au travail portée par la DRH.

Autre apport essentiel, celui de Frédéric Laloux

Les travaux de Frédéric Laloux[1] peuvent être rapprochés de ceux sur l'entreprise libérée, bien qu'il n'emploie jamais le terme. Tout d'abord parce que certaines entreprises qui se présentent aujourd'hui comme libérées se réfèrent à lui. Mais aussi parce que l'organisation qu'il promeut

1. Frédéric Laloux, 2014, *Reinventing organizations: A Guide to Creating Organizations Inspired by the Next Stage of Human Consciousness*, Nelson Parker.

présente de nombreuses caractéristiques communes avec l'entreprise libérée.

En arrière-plan de ses réflexions sur les réalités actuelles, il associe une nouvelle forme d'organisation à chaque ère de l'humanité telle que la sédentarisation, l'urbanisation ou l'industrialisation. Il décrit plus particulièrement celle qui émergerait dans la phase dans laquelle nous entrons. Pour cela, il mobilise une douzaine de cas d'entreprises, dont plusieurs avaient déjà été couvertes par *Liberté & Cie*. Il souligne que si ces organisations opèrent dans des domaines et des pays très différents, leurs modes opératoires sont pour autant très similaires.

Il décrit le fonctionnement d'équipes autonomes autogérées, en s'appuyant en premier lieu sur le cas de Buurtzorg, association néerlandaise créée en 2006 pour assurer une mission de soins infirmiers de proximité. Constituée pour l'essentiel de petites entités autonomes d'une douzaine d'infirmières et infirmiers, elle compte 7 000 collaborateurs répartis sur l'ensemble du territoire. Dans de telles entités, les équipes ont une autonomie totale dans l'organisation du travail, le planning, la rémunération, le recrutement et la formation.

Il n'y a pas de leaders ou de managers au sein de ces équipes autonomes locales. Les activités de management n'ont pas disparu, mais elles ne sont plus concentrées dans des rôles dédiés. Il subsiste toujours dans ces organisations un dirigeant dont le soutien est indispensable au succès durable, mais son rôle s'est déplacé du management à l'autorité morale et au support actif des personnes et des équipes.

« Il n'y a plus de hiérarchies de pouvoir [...] et ça permet à des hiérarchies naturelles de naître et de vraiment éclore. [...] Il y a absolument des hiérarchies de talent, de savoirs qui émergent, [...] d'autant plus naturellement qu'elles ne sont pas étouffées » affirme-t-il dans une conférence tenue le 14 mars 2014 à Bruxelles.

Les tâches habituellement dévolues aux fonctions support sont assurées pour l'essentiel en direct par les équipes. Une logique de subsidiarité s'applique : par défaut les équipes autonomes sont responsables de tout, sauf pour les sujets qu'elles décident elles-mêmes de transmettre aux fonctions centrales. Des équipes projet volontaires peuvent être mises en place pour investiguer des sujets nouveaux.

Les entités étudiées possèdent leur structure, leurs règles et leurs processus. La structure est évolutive, car basée sur le postulat que la « forme est la conséquence du besoin », ce qui laisse la part belle à l'émergence de nouveaux rôles, en fonction des besoins identifiés par les collaborateurs.

Il analyse également les processus existant dans ces organisations. Les décisions ne sont pas basées sur le consensus, mais sur une démarche de consultation. Un collaborateur sera alors totalement responsable de la décision finale sur le sujet qu'il a pris en charge, sous réserve qu'il ait au préalable recueilli l'avis d'un panel de collègues, reconnus comme experts du sujet ou potentiellement impactés par la décision à prendre. La résolution de conflits est, elle aussi, assurée directement entre collaborateurs, des pairs étant mobilisés comme médiateurs.

Les décisions d'investissement sont prises au niveau des équipes autonomes. La confiance donnée par l'organisation amène les collaborateurs à ne pas abuser de ce pouvoir, en étant raisonnables dans leurs choix d'investissements. De plus, l'information étant totalement disponible, la pression des pairs est considérée comme un puissant régulateur des excès potentiels.

Frédéric Laloux analyse également les logiques RH mises en œuvre dans ces entreprises. La gestion de carrière au sens traditionnel perd de sa pertinence dans une organisation horizontale où les rôles sont mouvants. C'est en continu que les collaborateurs font évoluer le champ de leurs responsabilités, ce qui augmente les opportunités d'apprentissage. L'évaluation peut se faire au sein des équipes autonomes, sur la base de modèles de compétences définis par chacune. La plupart des organisations observées déterminent les augmentations de salaire de manière collaborative.

« Bonds de conscience de l'humanité », chemin personnel réalisé par les dirigeants de ces organisations, partage des émotions et travail intérieur : le propos de Frédéric Laloux n'est pas exempt d'une dimension mystique, voire ésotérique, ce qui peut en affaiblir la portée. Une des spécificités de ces organisations, selon lui, est en effet de mettre en place ce qui permettra à chacun d'exprimer pleinement ce qu'il est, sans masque, pour pouvoir atteindre la « plénitude ». Elles incitent les collaborateurs à partager en « invitant leur humanité » au travail. Dans certaines de ces organisations, des pratiques se mettent en place pour aider les collaborateurs à se soutenir les uns les autres dans leur « travail intérieur » tout en réalisant leur « travail extérieur » au sein de l'organisation.

Au final, Frédéric Laloux estime que ces modèles d'organisation ne sont plus expérimentaux, puisqu'ils ont montré leur robustesse et leur durabilité dans certaines entreprises. Se référant à la notion développée par Robertson, il décrit ces entités comme des organismes vivants, animés par une raison d'être. Via sa propre énergie créatrice et sous réserve de développer l'écoute, c'est cette raison d'être qui va conduire ces organisations à évoluer.

UNE PREMIÈRE ANALYSE

La dimension géographique et culturelle

Y a-t-il dans d'autres pays un engouement sur le thème de l'entreprise libérée tel que celui constaté en France ? Certes, l'approche est née aux États-Unis. Elle s'y incarne dans certaines entreprises, mais leur nombre est limité et ne va pas beaucoup plus loin que les cas étudiés dans les ouvrages déjà cités. Aucun travail de recherche au sens propre du terme n'a été réalisé sur le sujet par les équipes des institutions qui font référence sur les enjeux organisationnels et managériaux, comme la Harvard Business School.

Pour ce qui est de l'Europe, c'est en Belgique que le débat sur l'entreprise libérée est le plus riche. En particulier du fait de quelques réalisations marquantes comme celles du ministère de la sécurité sociale ou du ministère de la mobilité et des transports. Le magazine HR Square s'en en fait l'écho. Dans les autres pays d'Europe du Nord, émergent quelques expériences comme celle de Blindkist en Allemagne, avec des débats et ouvrages plutôt centrés sur l'holacratie que sur l'entreprise libérée. A contrario, le sujet semble pour le moment ne pas inspirer l'Europe du Sud. Nos recherches ne nous ont pas permis d'identifier de réalisations marquantes, d'ouvrages novateurs, ni même de publication ponctuelle ou de débat marquant sur ces différentes notions.

L'ouvrage *Liberté & Cie* a été successivement traduit en Tchèque, Hongrois, Suédois, Français, puis Hollandais. Ces choix confirment la différence entre Europe du Nord et Europe du Sud quant à la sensibilité sur le thème.

Faut-il y voir une dimension culturelle, l'esprit latin s'accommodant moins de cette approche que les cultures du nord ? Une hypothèse peut être tentée : la sensibilité au thème renverrait pour partie au rapport à la religion. Ou plus exactement aux prises de position des églises sur l'homme au travail. Que ce soit dans les cultures protestantes, avec les logiques décortiquées par Max Weber en 1905 dans *L'Éthique protestante et l'esprit du capitalisme*[1], ou dans la droite file du catholicisme social, qui a surtout marqué les églises catholiques de la moitié nord de l'Europe. Ce n'est peut-être pas un hasard si la notion d'entreprise libérée a autant d'échos dans les entreprises du nord de la France, marquées dans leur histoire par cette influence.

1. Max Weber, *L'Éthique protestante et l'esprit du capitalisme*, Plon, 1964.

Une définition

Dans les écrits et communications, sous le vocable entreprise libérée figure, disons-le, tout et n'importe quoi. C'est la raison pour laquelle la question d'une définition précise de ce que recouvre la libération de l'entreprise se pose à nouveau.

Pour la construire, tentons tout d'abord d'y voir plus clair sur l'ensemble des notions auxquelles peut renvoyer la vie de l'entreprise, en distinguant trois niveaux. Le premier renvoie aux déterminants de ses choix organisationnels : son environnement, et notamment ses clients, mais aussi la culture dont elle a héritée et les choix à caractère stratégique faits pour apporter une réponse adaptée à cet environnement.

Le deuxième niveau concerne la structure organisationnelle elle-même, ainsi que les pratiques de management, le système de compétences et le projet humain. L'ensemble des travaux et des expérimentations sur l'entreprise libérée porte sur ces dimensions.

Le troisième niveau sera celui des « conséquences » du deuxième, ce qu'il génère, ce qui en découle : épanouissement au travail, niveau d'engagement des collaborateurs, innovation, performance de l'entreprise.

Le sujet, lorsque nous parlons de libération de l'entreprise, est donc en grande partie un sujet d'organisation. Organisation au sens large : la structure bien sûr, mais aussi et surtout les modes de fonctionnement de l'entreprise, ses mécanismes de coordination et de régulation, le positionnement respectif des acteurs ainsi que leurs postures.

Regardons maintenant de quoi l'entreprise doit se libérer, selon les promoteurs de cette approche. Six dimensions émergent, qui pourraient être représentées sous forme de cercles concentriques autour du collaborateur :

1) Le cercle de contraintes le plus large est constitué des normes, des procédures et règles que l'entreprise doit respecter ou s'impose. Nous parlerons là de contraintes bureaucratiques.
2) Nous pouvons positionner ensuite les dispositifs de contrôle, plus ou moins puissants et structurés. Ils renvoient à une logique de défiance et peuvent exister aussi bien dans une organisation bureautique que dans une organisation non bureaucratique. Ils sont entre les mains des managers ou automatisés.
3) Puis viennent les processus, ensembles d'activités qui décrivent les flux de l'entreprise selon une vision transversale. À ne pas confondre avec les procédures qui explicitent le « comment faire » prescrit dans cette organisation. Formels ou informels, ils peuvent servir les deux cercles

décrits ci-dessus ou au contraire être construits au service d'autres finalités : satisfaction du client, capacité d'innovation, etc.

4) Interviennent ensuite les mécanismes de coordination et de régulation, ce qui dans le langage courant est appelé « les modes de fonctionnement » de l'entreprise.
5) Resserrons la focale : les fonctions support assurent essentiellement une activité de prescription et de contrôle dans « l'entreprise comment ».
6) Cercle le plus proche du collaborateur au quotidien, la structure hiérarchique, et donc les managers. Dans l'organisation taylorienne, leur fonction principale est le commandement et le contrôle.

Cette représentation est nécessairement artificielle. D'une part, les acteurs que sont les managers et les fonctions support ne peuvent être analysés sur le même plan que les dispositifs. D'autre part les différents niveaux composent un système et ne peuvent être « décorrélés ». Et pourtant, est-ce absurde d'imaginer que les managers ou les fonctions support puissent être au service d'autres logiques que celles relevant des modes d'organisation hérités du passé ?

Représenter ainsi ces six niveaux offre un avantage : nous pourrons questionner et revisiter chacun de façon distincte, puis dans ses articulations avec les cinq autres, sans prendre le risque de « jeter le bébé avec l'eau du bain ». En effet, l'entreprise doit veiller à ne pas détruire ou se séparer d'éléments qui, reconfigurés, seront indispensables à son bon fonctionnement quand elle se réinventera.

Pour les promoteurs de l'entreprise libérée, celle-ci doit s'affranchir de l'ensemble de ces six niveaux. Leur maillage dans l'entreprise « comment » fait un tout cohérent. C'est donc l'ensemble qui doit être remis en cause.

À ce stade de notre réflexion, avec l'éclairage des autres apports rappelés ci-dessus, nous serons moins affirmatifs, en considérant que les démarches de libération de l'entreprise consistent à promouvoir la responsabilité des salariés en les libérant de ce qui peut entraver leurs marges de décision et d'action et que ces sources supposées de blocage méritent inventaire.

La deuxième partie de cet ouvrage, en nous amenant à dépasser cet état des lieux des réflexions et des pratiques pour réaliser un diagnostic argumenté des besoins des entreprises, nous permettra d'affiner notre analyse.

2

L'ENQUÊTE : L'ENTREPRISE A-T-ELLE BESOIN DE SE LIBÉRER ?

Nous avons évoqué dans le chapitre précédent les apports de l'école de la contingence. Elle met en évidence la nécessité, pour définir l'organisation adaptée à l'entreprise, de prendre en compte ses interactions avec son environnement comme des déterminants. C'est à partir de cette logique que nous allons maintenant traiter une question : de quel management des hommes et des organisations l'entreprise a-t-elle besoin pour répondre aux enjeux qu'elle rencontre aujourd'hui ?

Construire une telle réponse suppose tout d'abord de caractériser les transformations qui s'imposent à toute organisation dans la période contemporaine. Puis d'analyser les réalités des entreprises pour voir si leurs modes de fonctionnement permettent de répondre à ces enjeux. Cette approche nous permettra de vérifier ensuite si l'entreprise a effectivement besoin de se libérer.

LES TRANSFORMATIONS QUI S'IMPOSENT AUJOURD'HUI À L'ENTREPRISE

L'entreprise est dépendante de son environnement, et plus largement de la société dans laquelle elle s'insère. Elle doit s'y adapter et composer au mieux avec les mutations de cette société, qu'elles soient de nature économique, sociétale ou technologique.

La transformation de l'environnement business

La première des transformations auxquelles les entreprises sont confrontées est celle de leur champ concurrentiel : celui-ci s'est considérablement élargi. « L'ouverture toujours plus large des frontières, la compétition plus vive qui en découle nous commandent des changements profonds d'objectifs, de structures, de moyens et même, et peut-être surtout, de mentalité. » déclarait déjà en 1969 Jacques Chaban-Delmas, alors Premier ministre. Près d'un demi-siècle après, pour un nombre toujours croissant d'entreprises, la mise en concurrence se fait à l'échelle d'une planète rétrécie.

Pour autant, cette réalité géographique n'explique que pour partie la complexité croissante de l'environnement concurrentiel. S'y ajoute un risque de recomposition du marché que généreraient de nouveaux entrants proposant une offre alternative et recomposée. Un seul exemple, celui du marché de la photographie : après que le numérique ait tué l'argentique, les entreprises phare du secteur sont à leur tour balayées par celles de la téléphonie. Plus largement encore, dans de nombreux secteurs, le « mouvement d'uberisation de l'économie », avec la logique de consommation collaborative, vient écraser les acteurs installés, y compris les plus réglementés, en inventant une offre recomposée souvent plus attractive. Cette irruption d'acteurs Internet proposant des services à la demande et soumis à des règles plus souples s'étend progressivement à de nombreux domaines : immobilier, assurances, conseil juridique, formation, mobilité ou hôtellerie, par exemple. Créé en 2008, Airbnb a aujourd'hui une capitalisation boursière qui est double de celle du groupe Accor. S'appuyant sur des plateformes numériques, ces modèles économiques alternatifs, basés sur la gratuité ou l'économie du partage, font émerger des schémas commerciaux en rupture avec l'existant, pouvant conduire à reconfigurer le marché en profondeur.

Plus largement, y a-t-il aujourd'hui dans le domaine concurrentiel un secteur dans lequel une entreprise peut survivre sans innover ? Prenons l'exemple du secteur bancaire. Il est désormais possible de disposer en quelques minutes d'un compte et d'une carte bleue en entrant dans un bureau de tabac. Le compte Nickel est devenu en quelques mois le numéro un de l'ouverture de comptes. La pression concurrentielle que subissent les entreprises est donc sans précédent. Une entreprise peut voir son chiffre d'affaires s'effondrer et sa pérennité remise en question en l'espace de quelques mois. Cette pression n'est pas sans conséquences quant à la façon dont elle gère ses salariés.

Cette situation impose aux entreprises de réagir. Elles ne peuvent plus se contenter d'apporter à leurs clients potentiels des réponses standardisées et, au final, inadaptées aux réalités de plus en plus hétérogènes qu'ils vivent. Elles se doivent de renforcer considérablement leur adaptabilité. Et la réponse ne réside pas seulement dans les innovations majeures, dites de rupture. C'est au quotidien et en situation qu'il s'agit de multiplier les initiatives. Ce qui suppose, pour développer cette capacité d'innovation, de créer les conditions permettant de capitaliser sur le potentiel créatif de chacun.

Cet impératif d'adaptabilité se double d'un besoin de réactivité. L'instabilité est devenue une donnée. Et il serait illusoire d'imaginer qu'il puisse y avoir un jour une stabilisation de cet environnement mouvant. « Pour nos entreprises, les changements majeurs sont donc là, non pas comme une perspective mais comme un mouvement permanent avec lequel il faut apprendre à vivre et à travailler autrement. »[1]

Ce sont l'ensemble des acteurs externes auxquels l'entreprise s'adresse qui sont en mutation. Le client en premier lieu bien sûr. De nombreuses entreprises ont désormais intégré que nous étions passés de la civilisation du produit à celle du client, la rareté se déplaçant de l'un à l'autre. L'enjeu n'est plus seulement de vendre, mais de fidéliser ce client. Comme les logiques de RSE le soulignent bien, d'autres parties prenantes doivent également être satisfaites, qui appartiennent de fait à l'écosystème de l'entreprise, avec *a minima* un risque d'image à gérer. L'entreprise ne peut plus, comme par le passé, rester centrée sur ses logiques internes. Le focus sur l'extérieur est désormais pour elle un impératif, voire une condition de survie.

Adaptabilité, réactivité, orientation client, focalisation sur l'extérieur : ces caractéristiques sont requises de l'entreprise par un environnement exigeant et plus complexe. Ce sont ces mutations de son environnement qui lui imposent de se transformer. Pour y faire face, elle a besoin de favoriser l'élaboration et la mise en œuvre par tous ses collaborateurs de réponses adaptées à la vraie vie, de rendre possible « l'intelligence des situations », de libérer l'initiative et la créativité de chacun.

Sachant de plus que cette transformation de l'entreprise, si elle est requise par son environnement, doit être menée dans un champ de plus en plus contraint. Les normes et obligations qui s'imposent à elle vont croissant. Dans une société qui a besoin de se sécuriser, du fait du « principe de précaution » ou des dérives antérieures, de nombreux secteurs d'activité voient leur corpus réglementaire s'étoffer. Peu importe, l'entreprise doit se transformer, en prenant en compte ces contraintes qui s'imposent à elle.

1. « La transition permanente », *Entreprise&Personnel*, 2014.

Témoignage

Du besoin du client au projet de l'équipe, par Annick Verdier

Annick Verdier est Directrice des Ressources Humaines de la banque de détail France du groupe BNP Paribas. Avec ses 2 000 agences et son organisation multicanal, l'activité banque de détail de BNP Paribas en France réalise un produit net bancaire supérieur à 10 milliards d'euros, et compte 28 000 collaborateurs.

Le secteur bancaire dans son ensemble a hérité d'un modèle relationnel de type militaire, très directif, avec une dimension statutaire forte. Dans ce mode de management, ce qui était demandé tout au long de la chaîne hiérarchique, c'était essentiellement d'appliquer des procédures et de contrôler. Il a été efficace, mais dans le contexte actuel, il est sérieusement remis en cause : les clients ont changé, de même que les collaborateurs d'ailleurs. Tout est effectivement parti de nos clients et de leurs attentes. Ils demandent un service plus personnalisé, une évolution dans la relation bancaire : plus pragmatique, plus collaborative, plus durable. Et nos modes de fonctionnement ne répondaient plus aux besoins de clients très bien informés, plus exigeants et qui ont changé leur mode de consommation, y compris de la banque. Il fallait absolument en tenir compte et nous adapter. Nous n'avons plus besoin que nos *process* influencent le service, mais du contraire.

Nous avons réalisé que nous ne pouvions pas rendre un service de haut niveau, très personnalisé comme nous le voulons, si nous ne revisitions pas notre mode de management. C'est en particulier le cas dans les moments d'attention pour nos clients sur lesquels nous devons être exemplaires, comme par exemple une ouverture de compte, une demande de crédit immobilier, une perte de carte bleue, une fraude, un décès.

Tout est parti du comité de direction, avec un travail collectif encouragé par la fonction RH, la fonction commerce et les dirigeants opérationnels. Nos échanges ont d'abord porté sur la définition d'une ambition commune autour de la relation client puis sur les modalités de mise en œuvre.

Avec le cadre réglementaire qui s'impose à nous, nous savons que sur les risques et la conformité, nous devons conserver une grande vigilance et être exemplaires. En revanche, sur toute la partie commerciale, nous devons sortir de l'ancien modèle et redonner des marges de manœuvre. C'est devenu absolument indispensable pour délivrer la qualité de service que nous ciblons.

Cette transformation radicale a été matérialisée par un nouveau modèle relationnel qui se concrétise sur le terrain au travers d'un Projet de service. Chaque équipe avec son manager commence par réaliser un diagnostic sur le contexte local, qui est bien sûr très différent d'une agence à l'autre, par exemple entre Aubusson et Place de l'Opéra : quel environnement, quel type

☞

☞

de clients ? Puis, une fois ce diagnostic réalisé, les conseillers bâtissent le meilleur projet dans le sens du service client : quelle sera l'organisation de l'équipe, quel agencement pour l'entité, à quel moment mettre à l'accueil un spécialiste des clients professionnels ? etc.

Ce projet a été rédigé en toute autonomie, sans contrôle et l'agence n'a aucun *reporting* à faire sur ce projet de service. Pour le produire, il a fallu beaucoup plus partager, ce qui demande des efforts par rapport aux habitudes. Les collaborateurs ont fait leur propre expérience, en partant de leur contexte. Une logique d'expérimentation du type « test and learn » a été encouragée, en intégrant donc le droit à l'erreur. C'est assez nouveau dans notre culture, puisqu'auparavant, tout devait fonctionner du premier coup.

Cette approche a été facilitée par la mise en place de conseillers spécialisés, répondant à une demande des clients pour un conseil un peu plus pointu. On trouve dans l'agence des conseillers généralistes qui font intervenir le cas échéant des spécialistes. Sachant que c'est le client qui choisit d'avoir affaire à chaque fois à la même personne ou d'être reçu immédiatement par le conseiller disponible.

Ces transformations ont d'abord porté sur le réseau commercial. Mais pour délivrer la qualité de service que nous ambitionnons, le *back-office* aussi fait sa mue. Et dans ce contexte, toutes les fonctions évoluent également. C'est ainsi qu'en partant du client, toute l'entreprise a été mise en mouvement.

Modifier la relation client en ayant des équipes confiantes, responsables et libérées supposait de repenser le management. Le rôle du manager est très important, sans doute même plus important qu'avant. Dire que son rôle décline serait un non-sens. Le Projet agence est basé sur la co-construction et la délégation. Il y a donc un enjeu d'*empowerment*, de responsabilisation. Sans le manager, ces transformations de la relation client et du positionnement proactif du collaborateur ne sont pas possibles. C'est le manager qui est à la manœuvre.

Le modèle managérial promu est beaucoup plus basé sur l'écoute, le collaboratif, la délégation, en construisant avec les collaborateurs. Ce rôle est plus difficile. Il s'agit de tirer les équipes vers le haut, donc de garder un fort niveau d'exigence sur les résultats. Mais cela passe par plus de communication, plus de diffusion de l'information en lui donnant du sens, plus de développement des compétences. Ce management n'est plus basé sur un statut, mais sur la capacité à apporter une plus value à son collaborateur, avec un renversement de la relation.

Cela a amené notamment les Directeurs d'agence, qui suivaient directement beaucoup de clients à en confier une partie aux conseillers pour pouvoir passer plus de temps sur la partie managériale. C'est en améliorant ce qui se joue avec ses collaborateurs que ceux-ci amélioreront ce qui se joue avec les clients.

☞

☞

Les Directeurs d'agence ont été formés à la conduite du changement et à la qualité de service. Nous avons mis en place des espaces d'échanges entre eux sur leurs bonnes pratiques, leurs réussites, leurs difficultés. Au sein d'une même région, certains entraînent les autres.

Dès le départ, la majorité des collaborateurs a été très enthousiaste : « Enfin, on nous fait confiance, on nous rend le pouvoir et on nous donne les moyens. C'est nous qui faisons le diagnostic et nous pouvons prendre en compte nos spécificités. » Pour d'autres, ça a été plus difficile. Appliquer, c'est parfois plus facile que construire soi-même, c'est protecteur.

Ce Projet a débuté il y a six mois, nous n'en sommes qu'au début et nous veillons à ne pas précipiter les choses. Mais nous avons déjà de beaux résultats, avec en premier lieu la réappropriation par les équipes de leur agence, de leur environnement : le lien avec l'exercice du métier est transformé.

Le projet agence a souvent été construit avec les retours des clients et leur a systématiquement été présenté. Il y a eu quelques surprises dans les contenus : des collaborateurs ont décidé d'adopter un *dress-code* différent pendant le lancement de l'opération pour montrer que la réalité avait changé. Pour expliquer ce qu'ils allaient faire, certains ont organisé un évènement festif avec leurs clients. Ils ont agencé leur entité différemment. Les clients ont été surpris de ce changement de pied, mais leur accueil a été extraordinaire. Dans une agence de Marne-la-Vallée, des clients sont allés acheter des fleurs pour les offrir aux conseillères. Dans les agences qui sont déjà passées à ce format de service, les incivilités ont été réduites de 10 % en trois mois, alors que leur nombre avait augmenté avec la crise.

Cette approche a modifié l'ensemble de notre politique RH. La démarche d'évaluation bien sûr, mais aussi la rémunération. Dans l'ancien système, elle était pour partie calculée sur la production, avec un commissionnement à l'acte. Nous sommes passés à un variable basé sur la qualité de service et le travail d'équipe. Avec une dimension plus collective, puisque la moitié est calculée sur les résultats de l'agence et non sur des critères individuels. Le dispositif de formation a été repensé. Les parcours de carrière sont aussi en train d'évoluer : il y a moins de métiers dans l'agence, les fonctions de généralistes sont valorisées. Les rôles sont enrichis, ce qui permet aux collaborateurs de rester plus longtemps dans une même agence.

Notre challenge, c'est maintenant de poursuivre la construction d'un modèle RH et des outils en cohérence avec ce nouveau modèle relationnel client. C'est pourquoi nous revisitons également nos politiques de gestion individuelle, de recrutement, etc.

Aujourd'hui, il n'y a aucun risque de retour en arrière, mais il faudra entretenir cette démarche dans le temps.

La mutation du travail

Les activités industrielles représentent 19,8 % du PIB en France, 23,4 % pour l'ensemble de l'Union européenne[1]. La part des métiers peu qualifiés s'y réduit d'année en année. Et pourtant, nous continuons à penser le travail comme s'il s'incarnait d'abord dans des activités industrielles répétitives. C'est d'ailleurs encore ainsi que les médias le représentent souvent.

Quelle est la photographie réelle ? Le « travail prescrit », basé sur la mise en œuvre répétitive de tâches standardisées et codifiées, s'incarne encore dans une partie des métiers, que ce soit dans l'industrie ou dans le tertiaire, l'illustration alors la plus souvent évoquée étant le centre d'appels. Mais cette réalité coexiste avec celle des « travailleurs du savoir ». Ceux que l'économiste Robert Reich, ancien ministre du travail des États-Unis, appelait les « manipulateurs de symboles » et qui traitent de l'information, de la connaissance, de la création ou de l'émotion. Le capital du collaborateur est alors essentiellement composé de ses compétences et de ses réseaux. La définition ne correspond pas exactement au travail du savoir, mais le pourcentage en France de l'emploi total situé dans les services considérés intensifs en connaissance s'élevait en 2006 à 36,9 %[2]. En incluant ici dans les travailleurs du savoir tous ceux qui ne sont pas sur du travail prescrit, nous adoptons de fait une acception large, qui ne se limite ni à ceux dont le métier est enrichi par les technologies de l'information et de la communication, ni à la sphère marchande. Plus que « la photographie » de l'existant, c'est « le film » qui est intéressant : les métiers comprenant une part d'initiative et de réflexion au-delà des tâches prescrites représentent une part toujours croissante des personnes au travail.

« Vous ne pouvez pas faire le travail d'aujourd'hui avec les méthodes d'hier et être dans le business demain » exprimait George W. Bush, lucide sur ces transformations. Cette mutation du travail conduit à faire basculer l'entreprise de la conformité à l'intelligence. Avec le travail du savoir, ce sont les savoir-faire, talents et initiatives des collaborateurs qui deviennent la première source d'avantage concurrentiel pour l'entreprise. Il est donc impératif qu'ils puissent s'exprimer pleinement et qu'ils ne soient pas handicapés, freinés ou limités par les modes de fonctionnement de l'entreprise. À défaut, le gâchis serait énorme, aussi bien pour les intéressés que pour ceux qui les emploient.

1. Source : Banque Mondiale 2013.
2. Source : Eurostat.

Le développement du travail du savoir donne par ailleurs une importance renforcée à la notion d'engagement. Quand le travail est prescrit, peu importe pour l'entreprise le niveau d'engagement du collaborateur : la performance est d'abord le résultat de processus normés et des contrôles opérés. *A contrario*, le niveau d'engagement du travailleur du savoir aura un impact direct sur la performance qu'il délivre, puisque c'est lui qui décide avec plus ou moins de bonne volonté de mobiliser ses compétences. Selon son niveau d'engagement, il prendra l'initiative adaptée ou s'abstiendra. Il adoptera les comportements nécessaires, notamment vis-à-vis du client, ou pas. Il sortira du cadre lorsque la situation le nécessitera ou évitera de toute initiative.

La mutation du travail, de sa nature et de ses contenus, a donc des conséquences importantes. Elle appelle une autre mutation, tout aussi profonde, des relations entre l'entreprise et ses collaborateurs, qui permettrait à l'ensemble de leurs capacités de s'exprimer et créerait les conditions de leur engagement. *A contrario*, l'entreprise qui continue à gérer le travail du savoir comme elle procédait avec le travail prescrit se prive d'une grande partie de son potentiel et génère chez les intéressés un désengagement inhibiteur de performance.

Les aspirations émergentes

Notre monde, les rapports qui y règnent et les interactions entre les personnes, leurs besoins, attentes et aspirations, évoluent rapidement. Et ce qui se joue dans l'ensemble de la société n'est pas neutre pour ce qui émerge dans l'entreprise : il n'y a pas d'un côté l'individu hors travail et de l'autre le salarié, mais bien une personne unique avec des ressentis cohérents où qu'elle se situe. Quatre caractéristiques nous paraissent devoir être soulignées.

La première concerne l'aspiration des individus à se réaliser. Jamais dans l'histoire elle n'a été aussi largement partagée qu'aujourd'hui. Elle est exprimée par tous, quel que soit le milieu social et culturel. Cette volonté d'exploiter pleinement son potentiel individuel et de le mettre en valeur s'applique aussi bien à la vie hors travail qu'à la sphère professionnelle. Mais c'est sans doute au travail que l'évolution est la plus nette. De multiples enquêtes[1] démontrent l'importance croissante accordée au travail. Et la France est un des pays dans lesquels le pourcentage de personnes citant l'intérêt du travail comme une dimension essentielle est le plus élevé.

1. Notamment l'International Social Survey Programme, dont la participation française est assurée par les équipes du CNRS, et l'European Values Study.

De même, dans l'enquête réalisée en 2012 par Radio-France[1], 75 % des répondants exprimaient le souhait que leurs enfants aient un métier épanouissant, 9 % seulement qu'ils aient un métier « où l'on gagne beaucoup d'argent. »

« D'indigne et de méprisé, le travail est devenu, au cours des trois derniers siècles, le principal lieu d'investissement des énergies utopiques » écrivent les sociologues Dominique Méda et Patricia Vendramin[2]. Pendant plusieurs siècles, la conception largement dominante était celle du travail conçu comme un « devoir » vis-à-vis de sa famille, des grandes institutions et de la société dans son ensemble. Il y a donc là une rupture, engagée durant les Trente Glorieuses, mais qui s'accentue. Cette aspiration vient parfois se heurter durement aux réalités du monde du travail. *A contrario*, l'entreprise qui apporte une réponse satisfaisante à cette aspiration est pleinement en phase avec ces caractéristiques contemporaines, avec un effet multiplicateur sur l'engagement de ces collaborateurs.

La deuxième aspiration à noter est celle de la quête de sens. Rappelons que le terme « sens » a plusieurs significations. Il peut désigner le « pourquoi » (« expliquer le sens d'une décision », par exemple), la direction (« dans quel sens allons-nous ? »), ou bien encore l'utilité (« je veux donner du sens à ce que je fais ».) Les trois acceptions sont utilisées dans le monde de l'entreprise. Ce dont nous parlons ici, c'est bien de la troisième : quelle est l'utilité de ce que nous faisons ? À quoi servons-nous ? Quelle contribution apportons-nous à la société dans laquelle nous vivons ?

Sur le plan individuel, le sens renvoie à la capacité de trouver une justification à ses actions et à ses efforts. Sur le plan collectif, il permet de se référer à une raison d'être qui confère leur légitimité aux grandes décisions.

Les réponses à ces questions ont longtemps été apportées par les grandes institutions que sont l'Église, la Patrie ou la République, voire les partis politiques : il y a quelques décennies, elles étaient dans nos sociétés les grandes pourvoyeuses de sens. Leur baisse d'influence et le recul des appartenances monolithiques ont conduit à une situation dans laquelle les sources de sens ont peu ou prou disparu.

Est-ce contradictoire avec ce glissement, de nombreuses enquêtes d'opinion et études sociologiques récentes soulignent que jamais le besoin de sens n'a été aussi fort qu'aujourd'hui.

1. Jan Krauze, Dominique Méda, Patrick Légeron, Yves Schwartz, *Quel travail voulons-nous ? La grande enquête*, Les Arènes, 2012.
2. Dominique Méda et Patricia Vendramin, *Réinventer le travail*, PUF, 2013.

Cette évolution peut être rapprochée de l'aspiration croissante à un projet collectif. Sociovision réalise depuis plusieurs décennies une enquête récurrente sur les attentes des Français. À la question sur leur aspiration à une approche collective et à un « grand dessein », la part de ceux qui répondaient positivement dans les années 2000 était tombée dans une fourchette entre 60 et 62 %. Elle connaît aujourd'hui une remontée significative : 76 % en 2010 et 78 % en 2013. Il y a aujourd'hui une demande d'utilité qui dépasse la personne et participe du collectif.

Au travail, plus personne ne veut perdre sa vie à la gagner. « Il n'est pas de punition plus terrible que le travail inutile et sans espoir[1] ». « Alors que c'est justement la possibilité de réaliser un rêve qui rend la vie intéressante[2] ». Les entreprises qui prennent en compte cette aspiration d'épanouissement au travail marquent des points auprès de leurs collaborateurs.

La troisième attente porte sur le type de relations entre les personnes au travail. Une enquête réalisée par la Sofres pour Télérama sur la devise de la République avait montré il y a quelques années que la notion la plus importante dans la société française, après la liberté, l'égalité et la fraternité, était pour 68 % des personnes le respect. Une enquête réalisée en 2013 par le cabinet Mercer[3] soulignait le lien direct entre « le fait d'être traité avec respect » et le niveau de mobilisation et d'implication. De multiples autres études ont montré l'importance de la considération et de la reconnaissance[4] dans le cadre des relations de travail.

En quelques décennies, le rapport à l'autorité a considérablement évolué. Au sein de la famille, lieu de construction de l'autorité, elle est beaucoup moins descendante, davantage basée sur le dialogue, la concertation, le pouvoir de conviction. Effet Dolto ou effet mai 68, peu importe, notre société a progressivement évolué vers ce nouveau modèle. L'affaiblissement des grandes institutions, déjà évoqué, et la suppression du service national ont contribué à la disparition de l'ancien modèle.

Ce qui se dessine de plus en plus nettement, c'est le besoin d'une société « dé-hiérarchisée », dans laquelle l'individu se construit comme adulte et interagit avec les autres sur la base de rapports équilibrés, quelles que soient leurs fonctions. Remarquons au passage que c'est le type de relations que l'entreprise demande à ses collaborateurs de construire avec ses clients. Et qu'il est difficile d'imaginer que ces rapports soient déployés par les

1. Albert Camus, *Le mythe de Sisyphe*, 1942.
2. Paulo Coelho, *L'alchimiste*, 1988.
3. Enquête Global Performance Management Survey, Mercer, 2013
4. Voir par exemple les travaux et publications de Christophe Laval.

collaborateurs vis-à-vis de l'extérieur si subsistent en interne des relations marquées par le modèle ancien. Il y a un impératif de « symétrie des attentions » entre ce qui se passe avec les collaborateurs et ce qui se joue avec les clients. En interne comme en externe, il s'agit de reconstruire du lien social.

Quatrième aspiration particulièrement forte dans le monde contemporain : la volonté d'apprendre et de se développer en continu. Dans le contexte de transformation profonde de notre société, les compétences requises évoluent de plus en plus vite. Selon différentes études, la somme des connaissances disponibles à l'échelle de la planète a doublé ces six dernières années.

Chaque individu a donc un enjeu de mise à jour et de renouvellement continu de son capital compétence. Le travail qu'il réalise sur ce capital est une des clés de la maîtrise de son avenir : il conditionne son employabilité. « Quels que soient les contextes professionnels, et même les territoires et les qualifications, l'individu devra demain se mettre en position d'apprentissage continu. [...] Apprendre est un effort qui se renouvelle sans cesse, parce que les connaissances changent et évoluent elles-mêmes » écrit Sandra Enlart dans la note d'orientation 2015-2019 d'*Entreprise&Personnel*[1].

La conscience de cet impératif, qui peut être vécu comme une contrainte et un risque, ou au contraire comme une opportunité enthousiasmante, est variable selon les populations. Elle est sans doute particulièrement forte chez les plus jeunes, pour qui ce renouvellement continu fait partie de la donne : ils ont grandi avec. « Apprendre des choses nouvelles » apparaît dans une enquête de CSA sur la qualité de vie au travail réalisée en octobre 2013 comme une des cinq priorités de vie au travail des salariés français.

La capacité d'une entreprise à accompagner ce renouvellement sera donc de plus en plus un critère de choix et d'engagement pour chacun, dans un contexte de guerre des talents qui ira croissant pour ce qui est des profils les plus qualifiés.

Or, dans cet environnement, le développement des compétences ne se fait pas d'abord au travers des moments qui lui sont dédiés, comme par exemple les actions de formation. Il s'opère essentiellement en situation, en faisant son métier. À une condition : que les systèmes organisationnels l'autorisent. Selon les marges de manœuvre dont il disposera dans son activité, l'individu stagnera en exécutant demain comme hier les mêmes

1. « La transition permanente », *Entreprise&Personnel*, 2014.

activités et son capital compétence s'érodera alors jour après jour. Ou bien il apprendra en sortant du cadre, en élargissant son champ d'intervention, en ayant à mobiliser de nouveaux savoirs.

Besoin de se réaliser, quête de sens, attente de relations basées sur la considération, volonté de se développer : l'approche « entreprise libérée » entre en résonance avec ces différentes aspirations. C'est sans doute une des raisons pour lesquelles cette notion connaît un tel succès : l'homme au travail n'est qu'une part de l'homme dans la société. Et il s'agit en quelque sorte de remettre en cohérence ce qu'il vit dans l'entreprise et ce qui évolue plus largement dans la société en cette première moitié du XXIe siècle. Les décalages entre ce qui caractérise notre société contemporaine et les réalités vécues dans l'entreprise sont sans nul doute une des causes du désengagement, des risques psycho-sociaux ou des phénomènes de *burn-out*.

Certaines des transformations sociétales recensées ici s'imposeront inexorablement à l'agenda de l'entreprise pour des raisons qui lui sont externes : réactions de l'opinion publique, réglementation par les pouvoirs publics, avec des DRH dont les priorités et le calendrier de négociation devront s'aligner sur ces obligations nouvelles.

La révolution digitale

Internet, réseaux sociaux, terminaux mobiles : du fait du digital, notre quotidien a plus été bouleversé en quelques années que dans les siècles précédents. Tentons d'identifier ici les principales transformations qu'induisent ces technologies sur les entreprises.

La première est sans nul doute dans l'accès à l'information. Nous sommes tous surexposés à une information immédiatement disponible, en quantité infinie et de qualité hétérogène, comme l'illustre la notion d'infobésité. Nous ne vivons déjà plus aujourd'hui dans une économie de la connaissance, mais bel et bien dans une « économie de l'attention »[1] : notre capacité à vérifier les données, à penser rapidement de manière synthétique et à gérer la simultanéité devient cruciale.

Cette nouvelle donne transforme la relation entre pouvoir et information. Dans le monde ancien, le pouvoir s'appuyait sur la capacité à récupérer et à détenir l'information, dans une logique de stock. Désormais, le pouvoir et l'influence se renforcent de la capacité à traiter cette information et à la transmettre, dans une logique de flux.

---

1. Herbert Simon, 1971, *Designing Organizations for an Information-Rich World*, The Johns Hopkins Press.

Deuxième transformation d'envergure, le digital rend naturelles les logiques de réseaux et de communautés. Le réseau se déploie tous azimuts, à l'opposé de la logique hiérarchique descendante. L'entreprise doit faire face à « l'irruption d'échanges horizontaux qui court-circuitent tous les schémas habituels de pensée, de pouvoir, de savoir, d'expertise ».[1]

Avec deux conséquences majeures : d'une part, là aussi, la nature du pouvoir se transforme, avec une logique de coopération qui prend le pas sur les fonctionnements en silos. D'autre part les interactions multiples que permet le digital renforcent la capacité du groupe à développer ses compétences, son intelligence collective et donc son potentiel d'innovation collaborative. L'articulation entre dimension individuelle et dimension collective est de fait à réinventer dans toute organisation humaine, loin des logiques d'individualisation à tout crin de ces dernières décennies.

Troisième mutation : cette révolution peut être source de saturation mentale et de surcharge cognitive. Notamment en contribuant sinon à la disparition, du moins à l'effacement de la distinction entre vie personnelle et vie professionnelle. Le thème du « droit à la déconnexion » est d'ailleurs loin d'avoir trouvé toutes ses réponses, tant il est facile de mesurer des heures dans la logique taylorienne, mais beaucoup plus complexe de mesurer la mobilisation de l'attention dans le monde émergent.

Développement du travail à distance, « virtualisation » des rapports de travail, automatisation et digitalisation de nombreux processus, réorganisation des espaces de travail : l'entreprise est bien sûr déjà impactée par la révolution digitale, même si le niveau d'engagement est très variable d'une organisation à l'autre. Elle doit pourtant se garder de deux écueils. Le premier, de moins en moins fréquent, est de ne voir dans cette transformation qu'une évolution des outils, sans intégrer que la frontière entre réel et virtuel est désormais poreuse. Le second est de ne traiter cette transformation qu'à travers sa dimension technologique. Faire aussi peu ou tant d'honneur au digital renvoie à la même erreur : c'est oublier qu'il n'est pas possible de toucher à l'un sans impacter l'autre. Le digital ne contribuera à transformer l'entreprise que si d'autres dimensions sont traitées en parallèle, en particulier ce qui renvoie au système organisationnel et managérial.

1. Sandra Enlart et Olivier Charbonnier, *À quoi ressemblera le travail demain ?* Dunod, 2013.

LES RÉALITÉS DES ENTREPRISES AUJOURD'HUI ET LES BLOCAGES

Dresser un constat générique des réalités internes des entreprises est en partie illusoire. Elles sont hétérogènes. L'autonomie effective des collaborateurs est très variable, d'un Danone qui a théorisé le principe de subsidiarité pour ses salariés à des entreprises qui sont connues pour leur directivité, souvent génératrice de risques psychosociaux. Quant au niveau d'engagement des collaborateurs, les résultats des enquêtes d'opinion des salariés montrent des écarts très importants selon les entreprises. Ces différences dépendent bien sûr du secteur d'activité de l'entreprise, de sa situation économique, et plus encore de son histoire et de la culture qu'elle a développée.

Pour autant, la réalité organisationnelle que vivent l'ensemble des salariés aujourd'hui n'est pas celle dans laquelle ils baignaient il y a dix ou vingt ans et de grandes lignes se dégagent. Elles peuvent notamment être mises en cohérence à travers ce qu'expriment ceux qui composent l'entreprise : ses collaborateurs, ses managers, ses dirigeants, mais aussi ses clients.

Ce que ressentent et expriment les acteurs de l'entreprise

Examinons d'abord où en sont les collaborateurs vis-à-vis de leur entreprise. Disserter sur le désengagement des salariés est devenu un lieu commun. Qu'en est-il réellement ? Pour répondre à cette question, commençons par définir l'engagement en revenant à l'origine scientifique du concept : dans la psychologie sociale, l'engagement se réfère à des actes, alors que l'implication se réfère à des attitudes et la motivation à un état d'esprit. Caractérisons maintenant le désengagement : « Est désengagé le collaborateur dont les actes traduisent un désinvestissement dans son activité professionnelle[1] ». Ces actes peuvent être recensés : absentéisme, travail sous-investi, retards, comportements inappropriés, départs, etc.

Force est de constater que ces caractéristiques du désengagement ne s'expriment pas franchement aujourd'hui. Ce qui conduit d'ailleurs *Entreprise&Personnel* à écrire, après avoir observé une absence d'augmentation de l'absentéisme : « Nous n'avons pas de remontées significatives d'évolutions de comportements qui traduiraient une attitude de retrait accru, un désengagement dans le travail. [...] Nos études de terrain se font plutôt l'écho

1. Ouvrage collectif sous la direction de Charles-Henri Besseyre des Horts, *RH au quotidien*, chapitre 3 sur « L'engagement des collaborateurs » rédigé par Gilles Verrier, Dunod, 2e éd. 2015.

d'un engagement, voire d'un surengagement de beaucoup de salariés très conscients de la dureté de la situation économique[1] ».

Ce qui émerge de l'entreprise ces dernières années, c'est davantage un problème de surinvestissement du collaborateur dans son activité, plus qu'un désengagement dans les actes. Tout simplement parce qu'il subit une double contrainte. D'une part l'absence d'alternative : le contexte de crise globale l'oblige à rester dans son entreprise. D'autre part, celle de son environnement immédiat : intensification du travail, objectifs parfois inatteignables, délais raccourcis, manque de moyens, porosité entre vie professionnelle et vie personnelle, avec une instrumentalisation des outils modernes qui accentue ces contraintes. Les enquêtes sur les conditions de travail de la DARES[2] confirment cette intensification du travail. Avec, pour un nombre croissant de salariés, un état de surcharge qui peut aller jusqu'à l'épuisement.

Cette difficulté liée à la quantité de travail se double parfois d'un enjeu quant à sa qualité. Ou plus exactement quant aux obstacles pour réaliser un travail de qualité dans le cadre défini par l'entreprise. Ce qui pose problème au collaborateur, c'est le décalage entre ce qu'il souhaiterait réaliser dans son activité, en lien avec sa conception de professionnel sur le « travail bien fait », et ce qui lui est demandé par l'entreprise, ou tout au moins ce qui est possible dans le cadre du système organisationnel. Le travail de qualité auquel aspire le collaborateur est de fait « empêché[3] ».

Ce sont ces difficultés, à la fois sur la quantité de travail mais aussi sur la qualité possible, qui se traduisent par des sentiments de mal-être au travail et qui expliquent au moins pour partie le développement des risques psychosociaux.

S'il n'y a pas désengagement dans l'activité et au contraire un surinvestissement, comment expliquer alors le déclaratif de nombreux collaborateurs sur leur absence d'engagement vis-à-vis de leur entreprise, présent dans de multiples enquêtes ? De nombreux travaux ont mis en évidence depuis une dizaine d'années le renforcement d'attitudes de distanciation. Un salarié se distancie de son entreprise lorsqu'il ne s'identifie plus à ce qui la caractérise. Il adopte de fait une attitude de scepticisme, voire de cynisme par rapport aux discours de l'organisation. « Les gens sont

1. « Confusion(s) sociale(s) : le téléscopage des crises, note de conjoncture », n° 325 d'Entreprise&Personnel, Michèle Rescourio-Gilabert et Jeran-Pierre Basilien, novembre 2014.
2. Direction de l'Animation de la Recherche, des Études et des Statistiques du Ministère du travail, de l'Emploi, de la Formation professionnelle et du Dialogue social.
3. Yves Clot, *Le travail à cœur : pour en finir avec les risques psychosociaux*, La Découverte, 2010.

devenus capables et désireux de démystifier, de résister aux tentatives de manipulation et de lire entre les lignes, même si par ailleurs ils continuent, nécessité oblige, à se soumettre au moins en apparence aux normes de fonctionnement des organisations »[1].

Cette notion de « distanciation » nous permet de mieux comprendre ce qui se joue aujourd'hui en matière d'engagement. Les collaborateurs combinent dans le même temps distanciation vis-à-vis de leur entreprise et investissement dans leur activité professionnelle. Ils font preuve de désengagement vis-à-vis de l'entreprise, sans qu'il y ait pour autant désengagement vis-à-vis de leur métier. Cette distanciation et le désengagement affectif auquel elle conduit sont encore plus lourds de conséquences qu'un seul désinvestissement dans les actes : l'entreprise a un long chemin à parcourir pour renouer le lien.

Arrêtons-nous maintenant sur la population des managers. Une difficulté supplémentaire pèse sur eux du fait des attentes auxquelles ils sont confrontés. D'un côté, il existe dans de nombreuses entreprises un niveau d'insatisfaction élevé des collaborateurs vis-à-vis des pratiques de leurs managers. Ce constat est régulièrement confirmé par les analyses menées par les entreprises auprès de leurs salariés, qu'elles soient quantitatives (enquêtes d'opinion des salariés) ou qualitatives (interviews, focus groupes). De nombreuses études ont montré que le premier motif de démission était à rechercher dans la relation avec le manager direct. Et selon la DARES, une part croissante des conflits collectifs locaux naissent d'un problème de management.

D'un autre côté, les dirigeants d'entreprise ont parfois le sentiment de ne pouvoir s'appuyer pleinement sur la communauté managériale pour conduire l'entreprise. Ils constatent que certaines de leurs décisions ne se traduisent pas dans la réalité et considèrent que la « courroie de transmission » est inefficace. Ils estiment les managers insuffisamment impliqués dans les changements impulsés et les perçoivent parfois comme le « ventre mou » de l'entreprise. Ils ont peu de remontées du terrain de la part de ces managers, dont ils ont le sentiment qu'ils se concentrent sur la dimension technique de leur métier au détriment de ses aspects humains.

Conséquence : entre les attentes de leurs collaborateurs et celles de leur direction, soumis à des injonctions contradictoires, les managers de proximité peuvent avoir le sentiment d'être pris entre le marteau et l'enclume. Quand nous échangeons de manière informelle avec eux, ils expriment souvent de la souffrance et vivent mal cette situation. Ils ont le

1. Le rapport des cadres à l'entreprise, APEC, 2011.

sentiment d'être abandonnés : seuls 15 % estiment que leurs difficultés sont prises en compte par l'entreprise[1]. Au point de constater dans certaines entreprises une volonté d'évitement des responsabilités managériales par une partie de la population qui pourrait y prétendre, avec « des signaux faibles d'une désaffection naissante pour la fonction ».[2]

Quels sont aujourd'hui les ressentis des dirigeants quant aux modes de fonctionnement de l'entreprise ? Dépassons l'approche qui en resterait au premier degré en considérant que le premier dirigeant de l'entreprise est celui qui décide en toute liberté de ses réalités organisationnelles. Il est lui aussi soumis à un champ de contraintes fortes, portées en premier lieu par son actionnariat. Avec, selon les entreprises, deux variables : d'une part le degré d'autonomie de l'activité du dirigeant vis-à-vis des actionnaires, d'autre part les temporalités que ces derniers imposent.

Rappelons que ce n'est que depuis les années quatre-vingt que les dirigeants d'entreprise n'ont pas eu d'autre choix que de s'aligner de façon aussi rapprochée sur les objectifs des actionnaires[3]. Lorsque ceux-ci visent plutôt le développement long terme de l'entreprise, dans une logique patrimoniale, le dirigeant bénéficie en général d'une autonomie plus forte. C'est souvent le cas lorsque l'actionnaire est familial, même si la corrélation n'est pas absolue et qu'il existe *a contrario* des fonds d'investissement qui sont sur des logiques de moyen terme. Ainsi, entre 2006 et 2009, Lion Capital et Blackstone ont laissé beaucoup plus d'autonomie aux dirigeants d'Orangina-Schweppes pour développer l'entreprise que le management n'en avait quand l'actionnaire était le groupe Cadbury, avec des résultats qui sont venus valider pleinement ce choix.

La recherche de profits immédiats et l'autonomie limitée de la Direction générale sont néanmoins la norme. Et le moindre désalignement entre actionnaires et DG amène ce dernier vers la sortie, comme l'a illustré par exemple l'éviction de Chris Viehbacher de la tête du groupe Sanofi. En une décennie, la durée moyenne du mandat d'un dirigeant a été réduite d'un tiers[4]. Parfois, le niveau d'intervention des membres du conseil d'administration va très loin. Le Directeur Général d'une structure en

1. Baromètre CFE-CGC.
2. Aine O'Donnell, Patricia Vesin, Patrick Perrier, *Manager de proximité, non merci !* Entreprise&Personnel, 2011.
3. Blanche Segrestin et Armand Hatchuel, *Refonder l'entreprise*, Seuil, 2012.
4. Source : Strategy&, précédemment Booz & Company, racheté en 2013 par PricewaterhouseCoopers.

charge d'une mission de service public a ainsi été remercié mi-2015 : l'opération de transfert des responsabilités vers les structures opérationnelles qu'il avait initiée se heurtait à la volonté de la Présidence de contrôler les détails du quotidien.

De nombreux dirigeants agissent donc dans un champ de contraintes fortes. Pour échanger quotidiennement avec des dirigeants d'entreprise, leur mission n'est pas toujours simple, tentant de concilier ces contraintes et les besoins de leur entreprise. Certains sont écartelés entre l'impératif d'alignement sur les logiques à court terme de leurs actionnaires et ce qu'ils savent bénéfique pour l'entreprise qu'ils dirigent. Ils ont eux-aussi une autonomie contrainte quant au projet de développement de leur entreprise. Et la pression que vivent collaborateurs et managers est en partie la conséquence de cet impératif de résultats à court terme pesant sur le premier dirigeant de leur entreprise.

Venons-en maintenant à celui qui doit être l'acteur central pour l'entreprise : le client. À travers les différentes interactions qu'il peut avoir avec l'entreprise, trouve-t-il son compte dans les modes de fonctionnement auxquels il est confronté ? Le discours sur la satisfaction du client est présent dans toutes les entreprises. Le sujet est effectivement d'importance : entre les marques ayant les meilleurs niveaux de recommandation de leurs clients et celles qui ont les plus mauvais, il y aurait un écart de 27 % de croissance[1].

Pour autant, il y a parfois un décalage important entre le discours et ce que vivent les clients dans les faits. Peut-être parce que sur 1 000 clients insatisfaits, 40 seulement le disent à l'entreprise, alors que 600 vont acheter ailleurs par la suite.[2]

Quelles sont les marges de manœuvre des collaborateurs en contact direct avec le client pour mettre en œuvre en situation des réponses adaptées aux besoins ? « Pas de réussite sans des collaborateurs motivés et autonomes » répond le Medef dans son Livre blanc sur la qualité de la relation clients[3]. Bien vu. Pour autant, ces dernières années, le niveau de satisfaction des consommateurs stagne en France à un niveau médiocre.

Distanciation des salariés, difficultés des managers, dirigeants sous contrainte, clients dont le niveau de satisfaction ne décolle pas. Ces constats amènent à interroger l'entreprise et ses modes de fonctionnement.

1. Palmarès HCG 2015 de la relation client.
2. Étude « biens de consommation » du Technical Assistance Research Program Institute.
3. Satisfaction clients : six bonnes pratiques d'entreprises pour un résultat gagnant-gagnant, Medef.

De quoi certaines entreprises sont-elles malades ?

Ce qu'expriment ces différents acteurs, mais aussi l'observation des entreprises et l'analyse de leurs réalités, permettent d'identifier ce que nous appellerons ici des « maladies » qui frappent certaines organisations. Maladies dans le sens où elles empêchent l'entreprise d'apporter des réponses satisfaisantes à son environnement. Maladies aussi parce que ces dérives peuvent être traitées pour qui aurait fait le diagnostic, puis en aurait la volonté et les leviers. Une entité peut souffrir d'une seule de ces « maladies », ou bien en combiner plusieurs, qui se renforceront alors entre elles.

« L'entreprise hiérarchique », tout d'abord, est centrée sur la place dans l'organisation, matérialisée par le statut. Précisons qu'il ne s'agit pas pour nous à ce stade de mettre en cause la notion de hiérarchie dans l'entreprise, mais de questionner les formes que peuvent prendre les relations entre les rôles positionnés aux différents niveaux de la structure hiérarchique.

Dans ce groupe industriel du Nord, aucun salarié ne s'aventure à prononcer le prénom et le nom du Directeur Général sans les faire précéder de son titre de civilité : Monsieur, ce qui n'est fait pour aucune autre personne de l'entreprise. Dans ce groupe pétrolier, lorsque le DG est entré dans la salle où étaient réunis une vingtaine de cadres supérieurs, tous se sont levés d'un même mouvement. Lorsque le dirigeant fondateur de ce groupe pharmaceutique a pénétré dans le chapiteau où étaient rassemblés plusieurs milliers de ses salariés, ceux-ci l'ont applaudi debout pendant 18 minutes. Ces différentes situations, vécues en direct par les auteurs, renvoient toutes à une attitude de déférence surprenante. Certes, elle est héritée de l'histoire et d'anciens rapports d'autorité, mais elle est décalée dans une société d'adultes.

Elle est particulièrement marquée en France où existe une « logique de l'honneur, aussi exigeante dans les devoirs qu'elle prescrit que dans les privilèges qu'elle permet de défendre. »[1] Dans une enquête menée il y a quelques années auprès de dirigeants d'entreprise européens, à la question « Acceptez-vous de voir vos décisions challengées par vos collaborateurs ? » 96 % des dirigeants d'entreprise anglais répondaient positivement, pour 52 % des dirigeants allemands et seulement 29 % des dirigeants français. Ces différences illustrent la force de la hiérarchie dans la culture française.

Au quotidien, cette conception très hiérarchique des rapports dans l'entreprise s'incarne dans différents signes ou attributs de pouvoir : la tenue

1. Philippe d'Iribarne, *La Logique de l'honneur*, Seuil, 1989.

bien sûr, mais aussi l'espace de travail et le mobilier attribué ainsi que l'étage, le véhicule de fonction et l'emplacement où le garer, etc. Elle est renforcée dans certaines organisations par l'abondance de niveaux hiérarchiques. Lorsque nous avons commencé à accompagner une société du secteur de l'assurance, son organigramme ne contenait pas moins que huit niveaux.

Ce type de relations est complètement aligné avec le modèle taylorien. Il est cohérent avec la distinction entre décideurs et exécutants. Mais il est complètement inadapté et contre-productif pour ce qui est des enjeux d'aujourd'hui. Antagonique avec le besoin de respect des collaborateurs. Incohérent avec la nécessité de développer avec les interlocuteurs extérieurs, et en premier lieu avec les clients, des rapports équilibrés et adultes. Inadaptés aux travailleurs du savoir.

Passons maintenant à « l'entreprise bureaucratique ». La recherche de conformité par rapport à une norme y structure l'activité, plus que l'autorité descendante. Certaines entreprises sont à la fois hiérarchiques et bureaucratiques. Mais il existe des entreprises très hiérarchiques et peu bureaucratisées et, à l'inverse, des entreprises bureaucratiques dans lesquelles les rapports hiérarchiques ne sont pas particulièrement marqués.

À la source de ces modes de fonctionnement, très souvent, une volonté de cohérence forte. Face à une même situation, il s'agit de veiller à ce que tout acteur apporte une réponse identique, en se protégeant des risques de réponses individualisées et non cohérentes entre elles. Là encore, nous retrouvons la dichotomie entre décideurs et exécutants, les premiers définissant précisément la norme qui devra être mise en œuvre par les seconds. Cette norme est alors utilisée à la fois pour prescrire l'activité, mais aussi pour l'outiller et enfin pour contrôler sa mise en œuvre effective. Les procédures standardisées ainsi définies par le haut de l'organisation permettent d'éviter l'arbitraire des « petits chefs ». Elles garantissent que l'activité est régulée. Et elles assurent une remontée de l'information indispensable pour diriger l'entreprise.

La construction de tel ou tel mode de fonctionnement standard peut avoir un motif légitime. Mais sa raison d'être, son pourquoi, se perd aussitôt. Conséquence : même quand le comment n'est pas adapté à la situation dans laquelle il est déployé, il est néanmoins mis en œuvre, en contradiction avec le pourquoi initial.

Les démarches « qualité totale », passage obligé pour de nombreux secteurs dans les années 80 et 90, ont largement alimenté la bureaucratisation des organisations. Situation vécue, lors de la démarche de certification qualité du site industriel Philips d'Evreux, producteur de ferrites :

le référentiel prévoyait que sur chacune des machines devait figurer son mode opératoire. Un travail d'interviews a donc été mené auprès des techniciens pour capturer, formaliser et rédiger ces éléments. De jolis panneaux ont été installés. Les auditeurs ont ainsi pu valider le respect de la norme requise par le référentiel, ce qui a contribué à ce que le site soit certifié. Seul problème : une partie des opérateurs ne savaient pas lire ! Le pourquoi de l'obligation, éviter la mauvaise utilisation de la machine en permettant à tout opérateur de disposer en temps réel du mode opératoire, avait été oublié au profit du comment, respect d'une obligation formelle qui suffisait aux auditeurs.

Procédures, règlements, normes, protocoles, *reporting*, contrôle, audit, gestion des risques, *compliance* sont des ingrédients qui, assemblés, constituent un dispositif cohérent dans l'entreprise bureaucratique. Chaque fonction, chaque métier va produire ses règles avec sa propre logique. Des silos vont apparaître. Les coopérations disparaîtront puisqu'en l'absence de finalité exogène, comme la satisfaction du client, c'est la défense des logiques de chaque activité qui va prévaloir.

Avec son projet ambitieux de transformation engagé début 2014, c'est à la « dé-bureaucratisation » de l'Agefiph que s'est attaqué son nouveau Directeur Général. Après sa création en 1989, cet organisme à gestion paritaire, dont la mission est de faciliter l'insertion et le maintien dans l'emploi des travailleurs handicapés, a vu des initiatives très hétérogènes émerger de ses antennes régionales. Une volonté légitime de cohérence a donc poussé cet organisme à construire année après année un corpus de normes extrêmement développé. Mais avec la baisse des moyens dont elle dispose, l'Agefiph a désormais une position d'ensemblier dans les régions, en mobilisant à ses côtés les autres acteurs intervenant dans cette mission : conseils régionaux, Pôle Emploi, Chéops, etc. Or selon les régions, ces acteurs peuvent avoir des approches, des politiques et des priorités très variables. Et l'approche normée et « processée » d'une organisation bureaucratique ne serait plus adaptée à cette variété des terrains. D'où le choix avec le projet « Agefiph Cohérences » de transformer cette structure en redonnant la main aux acteurs de terrain sur un certain nombre de choix.

Cependant, le mouvement de bureaucratisation des organisations se poursuit aujourd'hui. La proportion de salariés dont le rythme de travail est déterminé par au moins trois contraintes est passé de 6 % en 1984 à 35 % en 2013[1]. Les technologies de l'information et de la communication ont été perçues par beaucoup comme pouvant libérer l'homme au travail de tâches

1. DARES, analyses n° 049, juillet 2014.

à faible valeur ajoutée. Mais elles sont parfois utilisées au contraire pour « re-tayloriser » certaines activités, en vérifiant leur adéquation à une norme préétablie. Selon l'étude de la DARES déjà citée, la part des salariés dont le rythme de travail est imposé par un contrôle ou un suivi informatisé est passé de 25 % en 2005 à 35 % en 2013.

« Le signe le plus avéré de la décadence d'une société est la prolifération des lois » écrivait Montesquieu il y a presque trois siècles. L'inadéquation des fonctionnements bureaucratiques aux enjeux auxquels sont confrontées les entreprises aujourd'hui donne à cette affirmation une actualité plus forte que jamais.

Proche de l'entreprise bureaucratique au point qu'elles se confondent parfois, l'entreprise autocentrée raisonne, décide et agit à partir de ses logiques internes : son organisation est pensée à partir de ses logiques métiers, et non à partir des enjeux externes. Ses politiques sont pensées pour « pousser du produit » plus que pour répondre aux besoins de ses clients. Ses logiques endogènes sont de fait antinomiques avec les ajustements à son environnement qui lui seraient pourtant nécessaires pour se développer. Lorsque cet environnement est peu concurrentiel et protégé, ces modes de fonctionnement peuvent être pérennisés. Mais une fois que ce n'est plus le cas, l'entreprise peut péricliter et disparaître. Des pans entiers d'activité, comme le secteur bancaire, font depuis quelques années leur mue, à des rythmes différents selon les enseignes, en donnant progressivement au client toute sa place. Dans le monde de la distribution, les enquêtes confirment que Décathlon est en pointe sur cette dimension depuis sa création, tandis qu'une enseigne d'électroménager a longtemps fait figure d'anti-modèle avec un système de variable de ses vendeurs construit sur des critères de marge très loin de l'intérêt du client.

Même le secteur du conseil n'est pas à l'abri d'un fonctionnement « autocentré ». Nous avons pu constater que les dirigeants d'un grand cabinet international passaient moins de 10 % de leur temps au contact de leurs clients. Assurer une présence dans les instances diverses de l'entreprise, participer aux multiples réunions annuelles organisées par les lignes d'activité, pays, régions, est beaucoup plus important que de renforcer la présence du cabinet sur les marchés et de soutenir ses équipes commerciales. Les processus de reporting de cette organisation sont si pesants que la finalité client est reléguée dans les faits au second plan. Même si le décalage entre ces comportements effectifs et le discours client, toujours offensif, suscite l'incompréhension des équipes.

Autre type d'entreprise que nous rencontrons parfois : l'entreprise floue, dans laquelle plus personne ne comprend ce que sont les modes de fonctionnement effectifs : qui fait quoi ? Qui décide de quoi, au bout du compte ? C'est ce qu'exprime le DRH de cette entreprise pourtant très innovante : « Nous avons une organisation à cinq dimensions. Comment rester une entreprise agile avec une matrice organisationnelle aussi lourde ? »

Dernières entreprises malades que nous évoquerons ici : celles qui, inlassablement, tentent de se transformer sans jamais y parvenir. Confronté à des résultats nettement en deçà de ceux de ses concurrents, le groupe Unilever a ainsi redéfini à de multiples reprises son organisation pendant toute la décennie 2000, sans jamais atteindre sur cette période ses objectifs de croissance et de résultats, avant de réussir enfin à faire sa mue vers le développement durable dans la décennie suivante.

Tel Sisyphe avec son rocher, ces entreprises lancent programme de transformation sur programme de transformation. Les prétendues « résistances au changement » sont ensuite bien commodes pour expliquer l'échec. De fait, certaines entités souffrent de deux limites : d'une part elles ne revisitent qu'une partie de leurs modes de fonctionnement et laissent inchangées des caractéristiques organisationnelles ou culturelles qui viennent bloquer la transformation effective. D'autre part elles tentent d'impulser la transformation d'en haut, sans associer à sa conception ceux qui auront à la mettre en œuvre. « Si nous voulons que tout reste tel que c'est, il faut que tout change… » faisait dire l'auteur du Guépard[1] à son personnage. Les tentatives avortées de transformation de certaines entreprises ont généré chez leurs collaborateurs une déception à la hauteur des illusions initiales et miné toute confiance dans la capacité de l'organisation à se transformer.

Les acteurs bloquants ou en frein

Nous avons évoqué plus haut les ressentis négatifs qui peuvent être ceux des acteurs de l'entreprise. Mais ce sont eux qui la font. N'ont-ils pas une responsabilité dans les dérives que nous venons de décrire ? Ou plus exactement n'adoptent-ils pas des comportements, ne font-ils pas des choix, certes conditionnés par leur environnement, qui alimentent le statu quo ? S'en tenir aux aspirations dont ils sont porteurs sans analyser leur part de responsabilité ne permettrait pas de comprendre les blocages de certaines organisations.

Commençons par la tête de l'entreprise : son dirigeant et les représentants des actionnaires. Les discours sont abondants sur « l'homme, première

1. Roman de Giuseppe Tomasi di Lampedusa paru en 1958, puis film de Luchino Visconti, Palme d'or au Festival de Cannes en 1963

richesse de l'entreprise ». Ils constituent même un passage obligé de la communication de ces acteurs. Mais si certaines entreprises tirent toutes les conséquences de cette conviction, il est des dirigeants pour qui l'homme est de fait une variable d'ajustement. L'exigence de résultats quantitatifs immédiats les conduits à retirer à leurs collaborateurs les marges de manœuvre qui leur permettraient de prendre des décisions et d'impulser des transformations en fonction des opportunités que ces derniers sont seuls, sur le terrain, à pouvoir identifier.

La situation n'est pas nouvelle : Antoine Riboud, en prononçant en 1972 son discours de Marseille sur le « double projet économique et social », avait contre lui la quasi-totalité du CNPF, ancêtre du MEDEF. Les tentatives de Jean Gandois, Président de cette organisation de 1994 à 1997, les efforts de dirigeants humanistes ou les travaux d'un organisme comme le Centre des Jeunes Dirigeants (CJD) pour promouvoir « une économie au service de l'homme » n'ont pas été suffisants pour infléchir ces positions.

Dans de nombreuses entreprises, l'homme au travail n'est traité que comme un coût et une contrainte, certes plus difficilement maîtrisables que les autres. Pourquoi dès lors revisiter un système organisationnel bâti il y a un siècle, qui certes génère de l'inefficacité et de la souffrance, mais permet d'atteindre les objectifs de court terme ?

Témoignage

L'impact de la gouvernance sur le modèle organisationnel et managérial, par Catherine Coupet

Catherine Coupet est Présidente-Directrice Générale du groupe Up (ex-groupe Chèque Déjeuner). Le groupe Up a pour maison-mère Le Chèque Déjeuner. Cette société a été créée en 1964 sous forme de Scop (Société coopérative et participative) : son capital social appartient à 100 % à ses salariés qui prennent part aux décisions stratégiques, notamment en élisant le Conseil d'Administration. Le groupe Up dans son ensemble réalise aujourd'hui un volume d'affaires annuel de 6 milliards d'euros, avec 27 millions de bénéficiaires. Il compte 2 500 collaborateurs et est implanté dans 17 pays.

Tout au long de ses 50 ans de développement et d'expansion géographique, notre groupe a su faire perdurer ses valeurs coopératives, qui ont permis d'assurer sa pérennité et son indépendance. Soumise au même impératif de profitabilité que tout entreprise, la Scop bénéficie d'une répartition des résultats prioritairement affectée à la pérennité des emplois et du projet

☞

d'entreprise. C'est dans ce cadre que nous veillons à articuler de façon harmonieuse le « couple de tension » entre économique et social.

Déployer notre culture et nos valeurs au sein du groupe, nous le faisons assez spontanément. Mais ces dernières années, le groupe s'était surtout concentré sur son développement, plus que sur l'élargissement des pratiques entrepreneuriales de la coopérative aux autres sociétés. Dans les entreprises filiales de la Scop, qui n'étaient donc pas en coopérative, nous avions certes mis en place un collège salarié de représentants du personnel au sein du conseil d'administration. Mais seuls les 350 salariés de la société mère bénéficiaient d'une gouvernance participative telle que celle de la coopérative. Il y a deux ans, le conseil d'administration s'est emparé de cette question.

L'élargissement de l'actionnariat salarié et le développement des principes de démocratie participative sont devenus des mesures phares du plan stratégique du groupe. Cette décision, en phase avec nos valeurs fondatrices, renforce notre différence avec les autres acteurs de notre secteur. L'association d'un plus grand nombre de salariés au capital social de la coopérative doit nous aider à inventer le groupe coopératif de demain et à devenir l'ambassadeur emblématique de l'économie sociale dans le monde.

Nous avons appelé ce projet « des racines et des ailes ». Dans une période de grande transformation, il vise en effet à nous doter des « ailes » pour réussir, tout en capitalisant sur ce qui a fait notre réussite, nos « racines ». En juin 2014, ce projet a fait l'objet d'un vœu en Assemblée générale, où 75 % des 350 sociétaires ont donné mandat au conseil d'administration pour étudier toutes les solutions permettant d'ouvrir le capital des filiales de la société mère à leurs salariés.

Nous avons travaillé pendant un an, avec un mode décisionnel intégrant une gouvernance projet très structurée, des outils de communication du type intranet, un point régulier en conseil d'administration et surtout, tout au long de ces 12 mois, des ateliers-débats avec les 350 salariés sociétaires pour faire valider les avancées du projet.

Le 12 juin 2015, l'Assemblée générale de la Scop Chèque Déjeuner a adopté l'élargissement de la coopérative aux filiales Cadhoc, Rev&sens et Chèque Domicile. Dans cette première vague, 300 collaborateurs viennent donc grossir les rangs des coopérateurs. Nous avions fait le choix de ne pas en rester à une démarche institutionnelle de validation par le conseil d'administration, mais d'en proposer l'adoption à l'ensemble des salariés. 88 % d'entre eux ont dit oui et ont ainsi revalidé le modèle. Un taux d'adhésion aussi massif doit beaucoup à la façon dont le projet avait été conduit.

☞

☞

Quelles conséquences sur nos modes de fonctionnement ? Le système coopératif, ce n'est pas seulement partager les bénéfices. Nous disposons d'une gouvernance démocratique sur des projets aussi structurants et dont les enjeux sont aussi forts. Dans notre ADN, chaque salarié est un acteur de la réussite d'un projet collectif. Nos modes de décision sont différents, les projets sont menés de manière beaucoup plus collaborative. Et si un projet n'est pas largement validé, nous n'hésitons pas à le remettre en cause.

Quand je dois décrire le modèle coopératif et pourquoi il est plus efficace, je mets en avant une constante : la recherche de pérennité. C'est notre cadre de référence fondamental. Il s'agit de transmettre l'entreprise aux générations suivantes. Toutes les décisions se prennent donc sur la durée. Nous ne sommes pas une entreprise qui « fait des coups ». Et c'est cette dimension qui oriente notre politique d'investissement et notre politique de remontées de dividendes dans les filiales.

Cette recherche de pérennité embarque chaque collaborateur dans un projet collectif, où il est à la fois contributeur et acteur. Il n'est pas que salarié, mais propriétaire d'une part sociale de son entreprise. Ce n'est pas l'anarchie non plus : il y a une organisation hiérarchique. Mais nous n'oublions jamais qu'en Assemblée générale, chaque salarié compte pour une voix et a pour responsabilité de valider ou non les comptes de l'entreprise. Il élit le conseil d'administration, qui choisit son Président.

Le partage de lucidité est plus fort que dans n'importe quelle autre organisation. Lors de l'Assemblée générale qui a voté l'élargissement par exemple, j'ai rappelé aux participants qu'ils prenaient une décision collective sur un enjeu collectif.

Dans la coopérative, il nous faut en permanence donner du sens à ce que nous faisons, et notamment expliquer le projet à tous les niveaux de l'organisation. Je rencontre les collaborateurs de toutes les filiales une fois par an pour partager avec eux sur la stratégie du groupe. J'anime deux fois par semaine des petits-déjeuners sur la base du volontariat, pour renforcer ce sens des responsabilités : chacun a le droit d'être informé en tant qu'actionnaire, chacun a le devoir de s'informer en tant qu'actionnaire. Il n'y a pas d'ordre du jour et chacun y parle de ce dont il a envie, ce qui l'intéresse, ce qui l'inquiète, ce qui n'est pas clair.

Notre modèle coopératif impacte aussi fortement le mode de management. Ce n'est pas seulement un salarié que le manager a en face de lui, c'est aussi un actionnaire. Les ressorts utilisés ne sont pas les mêmes que dans d'autres modèles de gouvernance. Le management est beaucoup plus participatif. Nous n'hésitons pas à mobiliser les personnes autour d'une question, même sur les sujets les plus sensibles. Elles donnent leur avis, elles font des propositions. Elles

☞

ne sont pas seulement autorisées, mais encouragées à le faire. Et le manager doit faire fonctionner cet automatisme naturel du double statut salarié-actionnaire.

Certes il prend des décisions. Mais les relations sont beaucoup moins hiérarchisées que dans l'entreprise traditionnelle. Les bornes de responsabilité ne sont pas les mêmes. Ici, avec cette double casquette, nous nous sentons tous responsables de la réflexion sur un sujet. Et nous apportons donc en permanence notre contribution à la prise de décision. Le manager qui comprend bien cela réussit très bien dans le groupe.

D'ailleurs, tous les managers sont issus de la promotion interne. Ils ont pris le leadership et ont été validés par leurs pairs. Nous ne nommerions pas à des fonctions de manager quelqu'un qui ne serait pas accepté par l'équipe. D'autant que nous impliquons beaucoup la hiérarchie, qui joue un rôle essentiel dans l'animation sur le modèle.

Nous menons en ce moment un gros travail d'appropriation sur les valeurs. Il s'agit de toujours mieux faire comprendre à chacun que l'appropriation de ces valeurs dans son quotidien est source de performance. Et que plus largement, c'est notre modèle de gouvernance qui nous permet d'avoir une telle performance. C'est un modèle plus performant parce qu'il induit naturellement ces relations adultes et ce sens des responsabilités.

Quelle sera la suite de ce projet ? D'ici la fusion qui sera effective au 1er janvier 2016, les 300 nouveaux sociétaires bénéficieront d'un dispositif d'accompagnement adapté leur permettant de prendre pleinement en main leur rôle de coopérateur.

Nous allons ensuite travailler sur les deux autres périmètres qui ne bénéficient pas encore du statut coopératif : les autres entreprises en France, sur des métiers un peu différents où la fusion n'est pas automatiquement la solution. Puis l'international, où chaque pays a sa législation et où la forme coopérative n'est pas toujours possible.

J'ai pris la présidence du groupe il y a un an avec une envie, un projet : inventer la coopérative de demain, adapter les ressorts qui la rendent pertinente, lui donner la forme correspondant aux nouveaux enjeux. Dans le groupe, nous savons par expérience que ce modèle est plus performant : la petite coopérative créée il y a 50 ans est devenue le troisième opérateur mondial sur le marché des titres de paiement de services et de biens, face à des concurrents aussi puissants que Sodexo et Edenred. Avec « des racines et des ailes », nous avons franchi une étape majeure qui renforce les principes coopératifs fondateurs de notre Groupe. L'association d'un maximum de salariés au capital social et aux décisions du groupe Up va se poursuivre et d'autres phases de ce projet verront le jour dans les années à venir.

Quant au manager, dont nous pourrions pourtant considérer qu'en tant qu'acteur de proximité il est de fait le passage obligé de toute transformation, il ne capitalise pas toujours sur le potentiel humain que l'entreprise lui a confié. Le modèle managérial historique était simple, calqué sur celui de l'autorité paternelle à l'ancienne : beaucoup d'exigence, peu de bienveillance. En fonction des entreprises, mais aussi des individus, cet ancien modèle a parfois été prolongé. Ou bien s'y est substitué celui du manager-copain, qui fait certes preuve de bienveillance mais a renoncé à l'exigence. Comme si les deux notions étaient incompatibles !

À la décharge du manager, reconnaissons que son rôle est conditionné par le cadre organisationnel dans lequel il tente d'assurer cette responsabilité. Comment basculer dans un modèle managérial basé sur la confiance, le dialogue, la décision concertée, le développement de ses collaborateurs quand pèsent sur lui les contraintes posées par l'entreprise. Citons les pressions qu'il subit pour obtenir des résultats immédiats, mais aussi l'accroissement de sa charge de travail du fait de l'allégement des structures hiérarchiques, du transfert d'activités auparavant assurées par des fonctionnels et de l'empilement de réunions[1], de reporting et d'autres activités contraintes.

Le collaborateur lui-même peut trouver son compte dans ces modes de fonctionnement. Certaines dérives présentent des avantages : la bureaucratie par exemple génère une forme de confort, en offrant un cadre pérenne, stable et rassurant. Les entreprises ayant engagé une transformation en profondeur de leur modèle organisationnel se sont parfois vues exprimer en retour par une partie de leurs collaborateurs : « Moi, j'ai besoin qu'on me dise ce que je dois faire. »

Pour qui travaille comme nous depuis des années sur une approche des ressources humaines fondée sur l'innovation, la fonction RH est fondée à prétendre à un rôle d'éclaireur et d'architecte de ces transformations. C'est le cas dans quelques organisations. Mais dans de nombreuses autres, le constat est malheureusement celui d'une fonction RH au périmètre limité, réduite à ses responsabilités régaliennes et administratives, dont la légitimité est faible pour investir les terrains où elle pourrait créer de la valeur. Pour certains praticiens RH, c'est un choix imposé et une souffrance. Comment faire autrement quand les autres acteurs vous positionnent ainsi et que vous-mêmes êtes conditionné par une conception ancienne de la fonction RH ?

1. Selon l'enquête IFOP-Wisembly 2015 sur « les cadres et les réunions », les cadres français passent en moyenne 23 jours par an en réunion (soit 10 % de leur temps).

Une seule illustration : l'utilisation toujours aussi fréquente de la description de fonction, outil taylorien par excellence. En détaillant les activités et tâches que le collaborateur doit réaliser, elle les limite et les contraint, réduisant d'autant son initiative et sa liberté. Alors qu'une approche centrée sur les compétences à maîtriser et sur les principales contributions attendues répond au besoin initial sans imposer les mêmes contraintes.

Dans ce système bloqué, les partenaires sociaux ont eux aussi leur part de responsabilité. Conséquence de notre histoire sociale et faute d'un travail suffisant sur la montée en compétence des représentants des salariés, les parties en présence réduisent parfois les relations sociales à un théâtre d'ombre, avec ses jeux d'acteurs sur une scène parfois bien éloignée des enjeux de l'entreprise et des préoccupations des collaborateurs. Sachant que cette dérive est alimentée depuis des années par le législateur, avec les multiples obligations de négocier qu'il impose à l'agenda de l'entreprise. Il se nourrit d'une image fausse de l'organisation, qui ne mettrait en présence que les dirigeants et les représentants des salariés, oubliant que le corps social a un rôle et une vie autonomes.

Pointer ainsi la responsabilité des actionnaires et dirigeants, des managers, des collaborateurs et des partenaires sociaux dans les limites de l'entreprise pourrait toutefois conduire à une erreur d'interprétation. Aucun de ces acteurs ne souhaite que l'entreprise en reste là. Et c'est bien l'organisation telle qu'elle existe qui conduit chacun à adopter ces positions bloquantes. L'entreprise a les dirigeants, les managers, les collaborateurs et les partenaires sociaux qu'elle mérite.

Ce n'est donc pas en mettant en cause la responsabilité de tel ou tel d'entre eux qu'il sera possible de transformer la réalité. Mais au contraire en revisitant chacun des sous-systèmes et leurs articulations.

RÉINVENTER L'ENTREPRISE, UNE NÉCESSITÉ

Se transformer ou disparaître

L'entreprise, avec tous les acteurs qui la font vivre au quotidien, est confrontée à un impératif qui dépasse tous les autres : garantir sa pérennité. Pour l'assurer, elle doit pouvoir mettre en œuvre son projet de développement et sa stratégie. Elle doit enfin veiller à répondre aux attentes des différentes parties prenantes. De quoi a-t-elle besoin pour cela ?

Certes, les prises de conscience individuelles de certains dirigeants à partir de situations douloureuses vécues dans leurs entreprises précédentes ont pu faire office de déclencheur. Bien sûr, les approches de nature psychologique, centrées sur l'individu au travail, peuvent conduire à la nécessité d'inventer de nouvelles modalités d'organisation. Assurément, des préoccupations humanistes amènent de nombreux acteurs à appeler de leurs vœux ou à œuvrer à l'avènement d'une entreprise nouvelle.

Mais la première raison pour laquelle les modes de fonctionnement de l'entreprise doivent être transformés et son système organisationnel réinventé est à rechercher dans les conditions de sa survie. C'est l'environnement dans lequel s'inscrit aujourd'hui l'entreprise qui appelle des transformations radicales de ses modes de fonctionnement. « Les espèces qui survivent ne sont pas les espèces les plus fortes, ni les plus intelligentes, mais celles qui s'adaptent le mieux aux changements. » affirmait Darwin. Ainsi, une entreprise comme Kodak est morte, ou quasiment, d'avoir refusé de prendre en compte la montée inéluctable du numérique. *A contrario*, la Wells Fargo a su s'adapter à son environnement : elle n'est évidemment plus une entreprise vivant de ses diligences, mais est devenue la quatrième banque des États-Unis.

Assumons-le, quitte à paraître cyniques : cet impératif de transformation pour des raisons économiques est plutôt une bonne nouvelle. Tout simplement parce cette motivation peut avoir un impact considérable. Quand il s'agit d'assurer la performance de l'entreprise et sa pérennité, nous savons tous par expérience que la mobilisation est tout autre que si le sujet est éthique ou moral. Pour ne prendre qu'un exemple, les entreprises qui obtiennent les meilleurs résultats en matière de promotion de la diversité ou d'accès des femmes aux postes à responsabilité ne sont pas celles qui en font un combat moral, mais bien celles qui mettent en évidence l'impact sur la performance future de l'organisation des progrès à réaliser en la matière.

Il ne s'agit pas ici de challenger ceux qui adopteraient une démarche de transformation en profondeur des modes de fonctionnement de leur entreprise à partir de leurs convictions humanistes. C'est parce que nous les partageons que nous avons choisi de travailler dans les ressources humaines et c'est là que nous puisons notre motivation au quotidien. Ce dont il s'agit, c'est seulement de faire preuve de lucidité en mettant en évidence que de nombreuses entreprises ne se mettront en mouvement que parce qu'elles n'auront plus le choix si elles veulent rester performantes.

Tuer Taylor

Les systèmes de type hiérarchique, bureaucratique, à l'organisation floue ou paraissant intransformable, sont inadaptés aux besoins de l'entreprise. Soit.

Mais alors, comment expliquer alors qu'ils constituent aujourd'hui la norme ? Revenons-en aux logiques de contingence. Le modèle organisationnel de type taylorien était celui dont l'entreprise avait besoin pour faire face à l'industrialisation de masse. Il a permis de répondre aux défis qui lui étaient alors posés. Là aussi, gardons-nous de considérations d'ordre moral : l'organisation taylorienne n'était pas mauvaise en soi. Au contraire : elle était pleinement adaptée au monde d'hier.

Nous vivons, parfois douloureusement, l'entrée dans une nouvelle ère. Et l'organisation taylorienne, ainsi que les principes sur lesquels elle se fonde, se heurtent de plein fouet à un environnement auquel elle n'est plus adaptée.

Ce à quoi sont confrontés les individus et les collectifs de travail aujourd'hui, c'est au décalage entre une norme organisationnelle construite pour faire face aux enjeux d'hier et les réalités qui émergent dans nos sociétés contemporaines. La nécessité d'adaptation devrait être évidente pour tous. Mais elle vient se heurter à la difficulté de dépasser un cadre culturel qui a structuré les fonctionnements et les modes de pensée de tous les acteurs de l'entreprise depuis des générations. Que nous le voulions ou pas, que nous en soyons conscients ou pas, nous sommes influencés par ce modèle ancien. « Un chef, c'est fait pour cheffer » disait Jacques Chirac. Pas de délégation sans contrôle, affirment de nombreux managers et RH. « Qui dit nouvelles fonctions dit description de fonction normant les activités à réaliser », systématisent la plupart des entreprises. Et nous pourrions lister ici des dizaines de réflexes, intégrés par tous comme évidents et naturels, alors qu'ils n'ont été acquis que pour faire face à un environnement qui a disparu.

Malgré ce monde qui émerge, les incertitudes actuelles et les difficultés économiques conduisent au contraire certaines entreprises à développer le taylorisme : définir plus précisément ce qui est attendu de chacun, animer sur les étapes intermédiaires, multiplier les contrôles, mettre en place des dispositifs informatisés de suivi de l'activité des personnes, définir des indicateurs supplémentaires, etc. La boucle est bouclée : des difficultés liées pour partie à des systèmes organisationnels qui ne sont plus adaptés amènent à renforcer ces mêmes systèmes.

Le diagnostic est simple : la construction de nouvelles formes d'organisation, s'inspirant des réflexions et expérimentations recensées dans la première partie de cet ouvrage, répond à un impératif de dépassement du taylorisme qui s'impose à l'entreprise si elle veut s'adapter à la société post-industrielle.

C'est bien de « libérer l'entreprise » dont il s'agit. Ou plus exactement d'inventer un management des hommes et des organisations dans lequel les collaborateurs seront libérés de ce qui entrave leur activité au quotidien, afin que l'entreprise puisse répondre aux enjeux contemporains. C'est devenu aujourd'hui un impératif pour elle.

Faire naître de nouvelles organisations

Repartons des transformations qui s'imposent aujourd'hui à l'entreprise, telles que décrites au début de ce chapitre. Se mettre en capacité de répondre en situation aux évolutions d'un environnement de plus en plus complexe et exigeant, en développant adaptabilité, réactivité, orientation client et focus sur l'extérieur. Adapter ses relations avec ses collaborateurs en prenant en compte le développement du travail du savoir et ses conséquences sur l'engagement. Capitaliser sur les aspirations croissantes chez les individus : se réaliser dans chacune des sphères de leur vie y compris au travail, pouvoir s'appuyer sur des éléments de sens, construire des relations à l'autre basées sur le respect, apprendre et se développer en continu. Intégrer toutes les conséquences de la révolution digitale.

Si l'entreprise veut prendre en compte ces transformations et y répondre pleinement, elle doit opérer une véritable mue. Ce dont il s'agit, c'est de déplacer l'autorité et le pouvoir là où se trouvent l'information et la connaissance, de positionner la prise de décision là où elle devra être mise en œuvre.

Le vrai sujet, c'est donc bien l'autonomie du collaborateur et du collectif de travail, les marges de manœuvre effectives qui sont les leurs, leur possibilité réelle de faire preuve d'intelligence des situations, l'organisation libre de leur activité pour mettre en œuvre le projet collectif.

Nous pourrions disserter sur la différence entre autonomie et liberté. Pourtant le Larousse définit une personne autonome comme étant « capable d'agir sans avoir recours à autrui » et une personne libre comme ayant « le pouvoir d'agir, de se déterminer à sa guise ». La différence est pour le moins faible. Isaac Getz considère quant à lui que l'autonomie peut être reprise, pas la liberté[1]. Il évoque pourtant dans son ouvrage la situation des entreprises qui ont mené une démarche de libération et sont ensuite revenues à des modes de fonctionnement plus traditionnels.

Nous considérerons ici que les deux termes peuvent être utilisés de façon indifférenciée. Nous les utiliserons l'un et l'autre dans la suite de cet ouvrage

1. Isaac Getz, « Dans l'entreprise, la liberté n'est pas l'autonomie », *Le Monde*, 24 février 2015.

comme des synonymes. Pour l'autonomie comme pour la liberté se pose la question du degré auquel elle est poussée : une personne a plus ou moins d'autonomie, plus ou moins de liberté. Et l'enjeu identifié ici est bien de les pousser le plus loin possible tout en garantissant la dimension collective de l'entreprise.

Témoignage

Assurer l'avenir d'un site industriel, par Philippe Robin

Philippe Robin est Président de Potasse et Produits Chimiques (PPC) *SAS, entreprise classée Seveso II, spécialisée dans la conception et la synthèse de composés organiques bromés et la fabrication de produits dérivés de la potasse et de chlore. Elle est située à Thann en Alsace, sur le plus ancien site chimique de France, qui date de 1808.*

La reprise de PPC par un groupe allemand en 2006 a ouvert une première période durant laquelle il s'est agi de sauver l'entreprise en reconstruisant son activité commerciale et en procédant à un plan d'économies. Puis, au vu du redressement progressif de l'entreprise, il a été décidé d'un investissement de 53 millions d'euros entre 2014 et 2015, pour répondre aux nouvelles exigences environnementales et permettre la mutation technologique nécessaire en incluant un nouveau procédé de fabrication.

Au moment de ma prise de fonction, il y a cinq ans, il y avait des habitudes de travail issues du groupe qui possédait précédemment PPC, rendant les employés plus exécutants que décideurs. L'autonomie du site était faible. Il s'agissait seulement de produire aux standards attendus. Cela a généré des effets pervers importants. Parmi eux, le fait que les salariés de chaque site se soient recroquevillés sur ce qui se passait exclusivement au sein de leur unité de travail, avec peu de coopération. Le groupe était arrivé à une sorte de sous-optimum, ne profitant pas des opportunités conjointes et des bienfaits de la transversalité. Mais cela a aussi entraîné un fort engagement pour le site. J'ai clairement bénéficié de cela en arrivant à Thann pour remobiliser les collaborateurs autour d'un projet de « sauvetage » de l'entreprise. Mais chaque service fonctionnait pour lui-même. Nous avions des silos, juxtaposés. Avec une culture technique forte, mais sans comportement réellement solidaire entre les salariés.

Les collaborateurs et les managers étaient fermés, n'exprimant pas leurs émotions. Or, je voyais bien qu'en dehors de leur activité professionnelle, ils étaient actifs, avenants voire réactifs. Ils osaient être qui ils étaient vraiment. Au travail, il y avait ce masque. Si je simplifie un peu, je dirais que mon objectif est de rendre les gens naturels, comme ils sont dans la vie, exprimant le meilleur d'eux-mêmes. J'ai donc essayé de parler à leur tête et à leur cœur avec un seul objectif : qu'ils osent. Il s'agissait de les positionner comme des « entrepreneurs de leur fonction ».

Cette entreprise, issue des heures de gloires de la chimie alsacienne, devait accepter de se repenser totalement. Mon diagnostic était simple : il fallait jouer sur plusieurs registres à la fois, celui de l'usine et de ses processus de production, celui des rôles de chacun, en privilégiant la responsabilisation et l'autonomie, celui du management, en le positionnant au service de l'équipe, celui de la culture, en conduisant les évolutions nécessaires pour être en phase avec notre époque.

Le *reengineering*, que nous avons conçu comme une page blanche pour définir les processus et l'organisation de demain, a été une opération complexe car je voulais la conduire de manière participative, en cherchant à ce que chaque chef de service associe ses collaborateurs. Et cela n'a pas été simple. Personne n'y était habitué. Il a fallu 24 mois pour que les nouveaux réflexes soient adoptés, que les collaborateurs soient réellement associés au projet et surtout entendus.

Le *reengineering* supposait de s'affranchir d'une organisation historique pour rendre l'entreprise plus compétitive. Je n'avais pas le choix, il y avait des « trous dans la raquette », des activités mal prises en charge, des redondances. Par ailleurs, j'héritais alors d'une précédente réorganisation, conduite sans les collaborateurs. Pour repenser la nouvelle organisation, j'ai constitué un groupe de managers et je me suis fait accompagné sur la démarche par Identité RH. Je ne voulais pas de solutions prêtes à l'emploi. La méthode de travail était simple : un objectif économique à atteindre, toutes les marges de manœuvre possibles pour y parvenir et l'identification d'un bénéfice client à chaque étape.

Il est intéressant d'observer comment les managers réagissent quand on leur donne une page blanche et le choix des couleurs : certains foncent, y trouvent une occasion de renouveler l'échange avec leurs équipes, d'autres sont terrorisés et craignent de perdre leur crédibilité vis-à-vis de leurs troupes. Au final, les résultats sont bien plus précis dans les services qui ont joué le jeu. Tout le monde l'a perçu.

Le reengineering était une étape importante du changement, mais n'a été que son point de départ. Il faut se donner le temps pour que les gens apprennent à travailler différemment, et y prennent du plaisir. J'ai donc lancé plusieurs projets en parallèle et attaqué à la fois la transformation du management, une forte évolution de nos modes de communication, ainsi que la mise en œuvre d'une démarche de gestion anticipée des effectifs et des compétences. En même temps que nous sauvions le site, nous nous forcions à voir l'évolution à trois ans. De même, nous avons travaillé à un plan d'action RH qui soutient la stratégie de l'entreprise.

☞

Je ne réduis pas la transformation à ce que peut faire un seul homme, même un dirigeant. Mais je crois qu'elle n'est pas possible, surtout si on veut desserrer les écrous du taylorisme, sans qu'elle soit incarnée par un homme et ses valeurs. Ensuite, tout dépend de la méthode qu'il propose : soit il casse le management et devient le « maître des lieux », soit il s'appuie sur celui-ci en lui donnant une place nouvelle.

Dans un univers comme celui de PPC, ancré dans une culture de la hiérarchie depuis plus d'un siècle et contrainte par la réglementation Seveso II, il est naturel d'avancer par étape et de ne pas détruire tous les points de repère. Mais le sens de ce qui a été entrepris et le mouvement à impulser sont clairs : donner plus de marges de manœuvre aux collaborateurs et positionner le management dans une logique d'accompagnement des équipes. C'est ce qui génère la créativité, l'innovation et la performance.

J'ai voulu laissé des zones d'initiative à mon comité de direction, pour lesquelles il n'a pas besoin de mon accord préalable. Ainsi, à un moment où nous avions une contre-performance sur l'un de nos produits, mes collaborateurs directs ont eu toute liberté pour compenser cette perte de résultat. Un seul impératif : ils devaient coopérer pour trouver la solution. Évidemment, cela a marché.

Notre objectif, sur le site de PPC, est de « bien produire », au bon volume, en respectant nos « recettes », au bon coût. Pour y parvenir, les différents ateliers ont toute capacité d'agir. Ce sont les managers de terrain et leurs collaborateurs qui connaissent les dosages pertinents et les divers tours de main pour que nos produits soient conformes. Dès lors, au delà du respect des normes de sécurité et de respect de l'environnement, leur travail est peu cadré.

Les managers ont ici un vrai rôle, et je ne m'inscris pas dans la logique de leur suppression. Tout dépend de ce qui leur est demandé. Nous avons totalement revu leur rôle, y compris en modifiant profondément leur fiche métier. Cette dernière est beaucoup plus générique qu'avant, et surtout elle est totalement orientée vers un rôle de développement de l'équipe, de formation de celle-ci. Dans ce cadre, le manager, qui est le plus souvent celui qui a le plus d'expérience et d'expertise, se positionne en accompagnateur de son équipe. Il est à disposition de ses collaborateurs, et non l'inverse. Nous remplaçons l'autorité hiérarchique par l'animation et le développement des compétences. Le responsable d'un atelier est garant des résultats, mais les moyens pour y arriver sont libres.

Plus les processus sont souples, moins le management est directif, plus le sens de ce qui est entrepris doit être clair et partagé par tous. Desserrer le cadre de travail quotidien, surtout dans une industrie soumise à des règles strictes,

☞

☞

suppose de revenir très régulièrement sur le sens de ce que nous faisons. Nous avons multiplié les occasions de donner du sens, en faisant le lien entre les objectifs stratégiques et le quotidien des collaborateurs : des supports mensuels de communication, un kit à destination des managers pour faciliter la présentation de la stratégie, une enquête trimestrielle auprès de l'ensemble des collaborateurs pour nous assurer de leur compréhension et de leur adhésion aux transformations en cours. Je passe beaucoup de temps en réunions d'équipe, partout sur le site, pour expliquer les changements.

Nous avons des résultats économiques meilleurs, la société s'est redressée. Mais l'esprit de responsabilité et d'initiative n'est pas encore totalement ancré. Nous sommes sur une transformation culturelle et nous sommes conscients que ce changement sera long.

L'entreprise de la méfiance et du contrôle doit laisser la place à celle de la responsabilité et de la confiance. Puisque bien sûr, la liberté dont dispose le salarié doit aller de pair avec la responsabilité dont il fait preuve.

En situation, face à un client ou à un collègue de travail, devant un problème à traiter, avec une réponse à apporter, une initiative à prendre, le collaborateur doit être libre d'agir en son âme et conscience. C'est ainsi qu'il sera possible de réveiller le potentiel humain de chacun et de faire avancer l'entreprise. La part de ce potentiel aujourd'hui inexploitée dans l'entreprise est gigantesque. Il s'agit de lui permettre de s'exprimer enfin. « Si nous faisions tout ce dont nous sommes capables, nous nous surprendrions vraiment » disait Thomas Edison.

D'autant que les décalages sont allés croissant entre les transformations qu'appellent nos sociétés modernes et les dérives organisationnelles constatées au sein de nombreuses entités. C'est la raison pour laquelle le besoin de rupture dans les modes de fonctionnement de l'entreprise est beaucoup plus fort aujourd'hui que dans les années 70, 80 ou 90.

Ceux qui étaient à l'origine des innovations conceptuelles en matière d'organisation, ainsi que ceux qui ont expérimenté de nouvelles modalités de fonctionnement dans leurs entreprises durant toute cette période, étaient en avance sur leur temps. Ils ont parfois été à l'origine de résultats remarquables. Mais aujourd'hui, pour l'entreprise, ne pas engager ces transformations, c'est prendre du retard.

Elle doit inventer un nouveau management des hommes et des organisations. Et ce constat affaiblit l'argumentaire des critiques qui affirment que les démarches de libération de l'entreprise n'apportent rien de nouveau. Sur le plan de la pensée, c'est sans doute vrai. Sur le plan plus opérationnel, c'est commettre une erreur parce que c'est occulter l'urgence nouvelle à laquelle l'émergence de ces débats apporte une réponse.

Pour autant, faut-il tout prendre de l'entreprise libérée ? La troisième partie de cet ouvrage, en adoptant une approche critique quant aux réponses apportées par les promoteurs de cette notion, nous permettra d'identifier les bases, les notions clés et les principes d'action à retenir pour transformer l'entreprise en profondeur.

3

LES FONDATIONS : QUELS REPÈRES ET QUELLES CONVICTIONS POUR TRANSFORMER L'ENTREPRISE ?

Nous disposons d'un diagnostic détaillé des besoins de l'entreprise. Nous allons pouvoir définir quelles sont les voies à adopter pour y répondre.

Dans la première partie de cet ouvrage, nous nous étions attachés à présenter les apports et réalisations des promoteurs de l'entreprise libérée, ainsi que tout autre élément permettant de contextualiser et d'enrichir cette réflexion. Mais pour apprécier leur pertinence au regard des besoins identifiés, nous nous devons d'adopter une approche critique. Non pour porter un jugement, qui ne ferait qu'ajouter à la dimension polémique des débats sur l'entreprise libérée tels qu'ils ont pu se déployer sur les réseaux sociaux. Mais pour construire ensuite des réponses intégrant les progrès à réaliser dans la réflexion.

C'est en effet après avoir identifié et analysé les limites de ces apports que nous serons en mesure de formaliser les réponses adaptées à l'entreprise en capitalisant sur les propositions et expérimentations disponibles.

LES LIMITES DE L'ENTREPRISE LIBÉRÉE

Une approche centrée sur les déterminants individuels

Les premières limites dans la réflexion portée par les promoteurs de l'entreprise libérée renvoient à une approche psychologisante des enjeux. Contrairement à la plupart des apports sur le dépassement du taylorisme qui ont précédé ces travaux, ils ne mobilisent qu'à la marge les apports de disciplines mettant en exergue les relations entre acteurs et groupes, telle que la sociologie des organisations.

Toute l'approche de *Liberté & Cie*, ainsi que les communications d'entreprises ayant mené ces expérimentations, sont ainsi centrées sur des déterminants et des enjeux individuels. Il n'est pas en soi surprenant qu'Isaac Getz s'intéresse en priorité aux comportements individuels : il est

Docteur en psychologie. Il est également vrai que depuis quelques années, notre société ramène tout à l'individu. Il n'est qu'à voir le succès ces dix dernières années d'un acteur nouveau dans l'entreprise : le coach.

Mais les enjeux que nous avons recensés renvoient en premier lieu aux modes de fonctionnement de l'entreprise et à ses choix d'organisation. Et les réponses individuelles ne sont pas suffisantes : chacun dans l'entreprise est impliqué dans un système organisationnel.

Dans cette logique, nous aurions tout intérêt à tirer les enseignements de la façon dont beaucoup d'entreprises ont évolué ces dernières années dans leur approche de la qualité de vie au travail. Alors que certaines étaient, il y a dix ans encore, dans le déni, l'accroissement du stress au travail et sa médiatisation les ont conduites à se saisir du sujet. Dans un premier temps, sous l'influence du législateur, c'est le recours au psychologue qui est apparu comme la solution pour réduire les risques psychosociaux. Sur le principe, une telle approche était assez confortable : elle évitait à l'entreprise de s'interroger sur sa responsabilité dans le mal-être au travail de ses collaborateurs. Mais la démarche est vite apparue comme insuffisante au vu de ses résultats et des autres enjeux qui émergeaient. C'était bien le sujet de l'organisation de l'entreprise, de ses modes de fonctionnement, de ce qu'ils génèrent sur les personnes et les collectifs de travail qui devait être traité pour régler ces problèmes.

Nous l'avons vu, les réponses apportées par l'entreprise aux sollicitations de son écosystème apparaissent de plus en plus souvent décalées, voire inadaptées. Mais le nœud pour expliquer cette situation est-il dans les caractéristiques individuelles de ses collaborateurs, de ses managers et de ses dirigeants ou bien dans son système organisationnel ?

Un groupe de grands magasins a réussi à transformer en profondeur les comportements de ses collaborateurs en travaillant sur le déploiement dans toute l'entreprise des quatre valeurs qui avaient été formalisées. Comment s'y est-il pris ? Pas en travaillant les valeurs individuelles de chacun de ses collaborateurs. Mais en définissant avec eux et en mettant en place des politiques de recrutement, de développement des compétences, de gestion des carrières, de rémunération redéfinies à partir de ces valeurs. Et c'est la mise en œuvre de modes de fonctionnement réalignés qui a conduit à faire évoluer les comportements dans le sens d'une mise en œuvre effective des valeurs.

L'homme considéré comme bon par nature

L'entreprise libérée pose comme postulat que « l'homme est bon » par nature. Certes le développement des coopérations, indispensable dans l'entreprise contemporaine, requiert sans doute de considérer comme

Rousseau que l'homme est digne de confiance, plutôt que de suivre Hobbes qui estime que l'homme est un loup pour l'homme et qu'il défend ses intérêts au détriment de ses semblables. Mais prenons garde à une réalité : l'entreprise n'est pas un monde de « bisounours » dans lequel tout enjeu de pouvoir pourrait disparaître. Se placer dans cette optique, c'est prendre le risque de fortes désillusions.

Au vu de notre diagnostic, il nous paraît évident que dans la société du XXIe siècle, l'entreprise ne peut plus se construire sur le contrôle. De plus, définir les modes de fonctionnement d'une organisation à partir d'un nombre limité de « déviants » est malsain. Ce sont ces éléments qui conduisent les promoteurs de l'entreprise libérée à poser comme postulat que l'homme est bon. Mais autant le contrôle systématisé et la définition des modes de fonctionnement de l'entreprise à partir d'une toute petite minorité de déviants nous paraissent devoir effectivement être revisités, autant cette affirmation de « l'homme bon », facilement contestable, affaiblit leur propos.

Dans sa fonction, dans son rôle, chacun est en partie ce que l'entreprise a fait de lui. Ici encore, l'impact du système sur l'acteur. C'est l'apport principal des travaux de Renaud Sainsaulieu démontrant le développement d'identités au travail[1]. La question réelle des effets pervers du contrôle et de la construction de dispositifs applicables à tous sur la base des quelques déviants doit être traitée. Mais que l'homme soit bon ou qu'il soit mauvais, est-ce vraiment le sujet ? Il nous semble plus pertinent de mobiliser la notion de confiance préalable : a priori les personnes vont bien faire leur travail. Et si ce n'est pas le cas, il sera toujours temps d'ajuster.

Notons toutefois que cette approche de « l'homme bon » explique sans doute pour partie le buzz autour de l'entreprise libérée, dans une société qui souffre de la défiance et du pessimisme et qui aspire profondément à du positif et à de la bienveillance.

Le bonheur au travail

Troisième point sur lequel l'approche entreprise libérée peut être questionnée : la recherche du « bonheur au travail », posée comme objectif premier de la démarche de transformation. Nous avons vu dans la deuxième partie que l'aspiration à se réaliser au travail est forte. Par ailleurs, en réaction à une approche purement défensive sur les risques psychosociaux, les débats de ces dernières années ont été riches sur le bien-être au travail. Le terme de

1. Renaud Sainsaulieu, *L'identité au travail*, Presses de Sciences Po, 1988.

« qualité de vie au travail » semble avoir été consacré, avec l'Accord National Interprofessionnel signé en juin 2013 par les partenaires sociaux. Mais le bonheur au travail… L'entreprise a-t-elle vraiment la responsabilité de rendre ses salariés heureux ?

Il est certain que la période est porteuse, qui privilégie et promeut la recherche d'accomplissement de soi : multiplication des ouvrages dédiés au bonheur, avec un rayon « bien-être » dans les Fnac, succès des méthodes de méditation, du yoga, du shiatsu, etc.

Ceci alors que le travail devient peu à peu le premier lieu d'identification sociale et de relations humaines. Christian Baudelot, professeur à Normale sup, et Michel Gollac, membre du Centre de recherche en économie et statistiques, ont étudié la question du bonheur au travail pendant plusieurs années, avant de publier Travailler pour être heureux ?[1] Parmi les éléments constitutifs du bonheur, les personnes interrogées citent le travail en deuxième position, après la santé certes, mais devant la famille, l'argent, les enfants, l'amour ou le couple.

Certaines organisations sont allées jusqu'à créer une fonction dédiée. Aux États-Unis, des Chief Happiness Officers ont été mis en place dans de jeunes entreprises technologiques, mais leur fonction est d'abord centrée sur l'organisation d'activités récréatives. Plus largement, le DRH d'un grand groupe bancaire reprenait récemment à son compte devant nous l'affirmation selon laquelle : « RH, ça doit signifier Rendre Heureux ». Laurence Vanhée, auteur de *Happy RH : le bonheur au travail*[2], estime que « les DRH se doivent d'évoluer d'un rôle de gestionnaire de capital humain vers un rôle de développeur de patrimoine humain pour finalement s'épanouir dans une fonction de "Chief Happiness Officer" ». Des organisations comme Kiabi, Le Coq Sportif, Poult ou le Ministère belge de la Sécurité sociale ont ainsi transformé le titre de DRH en Chief Happiness Officer.

La première critique sur cette approche porte sur la dimension personnelle du bonheur. « La question du bonheur semblait, depuis la Grèce antique, plutôt intime et personnelle : il relevait d'une recherche personnelle prenant en compte les différentes facettes de l'existence, affective, professionnelle, sociale et spirituelle. Mais le bonheur devient public : c'est le sens d'une politique, ce serait même un impératif pour la

1. Christian Baudelot et Michel Gollac, *Travailler pour être heureux ?* Éditions Fayard, 2003
2. Laurence Vanhée, *Happy RH : Le bonheur au travail : rentable et durable*, Éditions La Charte, 2013

gestion des ressources humaines et le management » constate Maurice Thévenet[1], Professeur au CNAM et à l'ESSEC.

Ce qui conduit à plusieurs objections : le bonheur renvoie à une dimension trop personnelle pour qu'il soit possible de ne le traiter que par le contenu du travail. Par ailleurs, le bonheur est différent pour chacun : rien n'est plus subjectif que ce qui rend les salariés heureux. Enfin, tout sentiment de bonheur ne peut être que « relatif », par rapport à d'autres états. Avec au bout du compte une conclusion : le bonheur est une question trop importante et trop personnelle pour que l'individu en confie la responsabilité à d'autres, et notamment à son entreprise.

Seconde critique, plus importante encore à nos yeux, l'enjeu éthique posé par cette supposée responsabilité de l'entreprise quant au bonheur de ses collaborateurs. Dans un article titré « Faut-il se méfier du bonheur ? »[2], Maurice Thévenet prend position : « La question éthique se pose à tout dirigeant, manager ou simple salarié de voir comment il peut contribuer aussi au bonheur des autres, mais cela doit-il devenir une responsabilité institutionnelle contrainte par des règles, déclinée en politiques, mesurée par des indicateurs dont l'institution serait comptable ? » D'ailleurs, un collaborateur a-t-il le droit d'être malheureux dans une entreprise qui a décrété le bonheur au travail ? Christian Baudelot met en garde : « Être heureux au travail est devenu une norme, et les gens qui oseraient dire ou montrer qu'ils ne le sont pas s'exposent à des positions marginales ».

Pour ces raisons, l'entreprise ne peut considérer que c'est à elle qu'incombe cette responsabilité. Ce n'est pas le bonheur au travail qu'elle doit rechercher. Elle a une tout autre responsabilité : créer les conditions pour que ses collaborateurs puissent s'épanouir dans leur travail. Mais elle ne peut aller au-delà. Elle ne peut laisser croire à ses collaborateurs qu'elle est responsable de leur bonheur. D'autant que certains considéreront, comme Voltaire, que « Le bonheur n'existe pas, il n'existe que des instants de bonheur. »

Affirmer que la finalité de l'entreprise est la recherche du bonheur et non la performance, et que celle-ci sera donnée de surcroît, c'est être proche de la manipulation, en s'exposant aux conséquences de désillusions inévitables. En revanche, affirmer que la performance passe désormais par l'épanouissement au travail, au travers de l'engagement, est démontrable et peut parfaitement être assumé par toute organisation.

1. Maurice Thévenet, *Le bonheur est dans l'équipe*, Eyrolles, 2008
2. Maurice Thévenet, *La Lettre du Cadre Territorial*, 19 février 2015

La place du leader libérateur

Pour les promoteurs de l'entreprise libérée, ce qui permet à une entité d'enclencher et d'entretenir cette dynamique, c'est l'existence à sa tête d'un « leader libérateur ». Dans l'environnement nord-américain, marqué par quelques siècles d'une histoire bien spécifique, cette approche est sans doute audible. Mais dans nos cultures européennes, elle renvoie à un modèle déjà bien ancien.

Y a-t-il un système moins libéré, moins moderne, que celui du leader ayant tout saisi des enjeux, affranchi de tout corps intermédiaire, tenant bon le cap et aidant ses ouailles à prendre progressivement conscience de la réalité ? Sur le plan des institutions, ce mode de fonctionnement renvoie au mieux au monarque éclairé et à l'autocratie. Dans l'entreprise, il est le digne descendant du système paternaliste.

Et s'il s'agit de construire une organisation avec des rapports basés sur la responsabilité, un tel positionnement du dirigeant de l'entreprise est pour le moins surprenant. Il ne peut incarner à lui seul le pouvoir. *« Devenir adulte, c'est reconnaître, sans trop souffrir, que le Père Noël n'existe pas »* affirme Hubert Reeves.

Le recours à un leader libérateur n'est pas sans conséquence. Cette supposée liberté dépend d'un homme providentiel. Donc si votre entreprise n'a pas à sa tête un leader libérateur, elle ne pourra pas s'engager dans une démarche de libération et se transformer. Quelle excuse facile pour en rester au statu quo ! De plus, il sera possible de retourner à la situation initiale si le dirigeant change.

C'est d'une autre libération dont l'entreprise a besoin. Tous dans l'entreprise doivent participer en acteurs responsables à cette mutation des modes de fonctionnement, sur laquelle il ne sera alors plus possible de revenir. Arrêtons de prolonger le modèle descendant et autorisons-nous, enfin, à faire confiance aux collaborateurs. Faut-il rappeler que si les grands moments de l'Histoire ont parfois été incarnés par un homme, ils étaient d'abord le résultat de mouvements travaillant la société en profondeur ?

Bien sûr, il n'est pas question de nier ici que le dirigeant de l'entreprise a un rôle central dans cette transformation. Et qu'il doit modifier ses priorités et ses postures. Pour libérer l'initiative et l'autonomie, toute tentative dans laquelle il est proactif dispose d'un atout majeur. Même si des organisations se transforment tous les jours sous d'autres impulsions.

Les risques de dérive

Être centré sur l'individu et ses déterminants psychologiques, considérer que l'homme est bon, rechercher le bonheur, concentrer entre les seules mains d'un seul homme le pouvoir de libérer son organisation : ces quatre premières limites renvoient aux caractéristiques des organisations de type sectaire. Nous ne faisons ici aucun amalgame entre entreprises libérées et sectes. Mais nous évoquons les risques de dérive lorsqu'un tel équilibre des pouvoirs s'établit dans une organisation humaine.

D'autant que le vocabulaire employé alimente le parallèle : sont évoqués non seulement les « leaders libérateurs », ainsi que la « grâce », la « sagesse », mais aussi les « croyances », la « rééducation », etc. Certes le vocabulaire actuel de l'entreprise, hérité du taylorisme et des techniques de management venus des États-Unis après la seconde guerre mondiale, doit évoluer pour s'adapter aux enjeux contemporains. Mais le choix des mots n'est jamais neutre.

Isaac Getz et Brian Carney ont d'ailleurs bien identifié ce risque. À propos d'un des exemples sur lesquels leur ouvrage est construit, ils écrivent : « Ces salariés se rendent bien compte que, vu de l'extérieur, le fonctionnement de FAVI pourrait faire penser à un culte et que Zobrist[1] a tout du sauveur de leurs *âmes perdues*. » Nous avons vu par ailleurs que dans leur ouvrage, ils parlent d'une forme de contrôle social intériorisé, exercé par l'ensemble des collaborateurs sur chacun d'entre eux sur la base des éléments de la culture développée dans cette démarche de libération. Là aussi les deux auteurs le reconnaissent : « Cette perception du « contrôle social » qu'une culture d'entreprise exerce sur le comportement peut être si forte que, vues de l'extérieur, certaines entreprises libérées commencent à ressembler à des sectes. [...] Mais les règles du jeu d'une entreprise libérée ne sont pas imposées par une instance supérieure. [...] [Les salariés] ne sont pas soumis à l'emprise du gourou de quelque secte malfaisante. Ils sont contents de travailler dans leur entreprise. » Ce dernier argument oublie que les membres d'une secte sont heureux d'en faire partie.

La question essentielle posée ici est celle du libre-arbitre, de la pensée autonome et du regard critique. La culture d'une entreprise est plus ou moins marquée, de même, pour prendre une image, que la personnalité d'un individu. Mais parmi les cultures fortes, certaines sont incluantes et

1. Présenté par *Les Échos* du 17 août 2015 comme « une sorte de gourou de l'entreprise libérée ».

capitalisent sur les différences, alors que d'autres sont excluantes et refusent la contradiction. C'est ainsi que dans un groupe pharmaceutique français, les plus anciens font la distinction dans les profils internes entre « patriotes » et « mercenaires ».

Pour Isaac Getz, l'entreprise libérée est affaire de philosophie[1]. Mais alors, cette dernière implique-t-elle de renoncer à son autonomie de pensée, à ses croyances personnelles et à ses différences ? Dans un mode organisationnel taylorien, qui ne mobilise pas l'initiative, il est beaucoup plus simple de faire la part des choses. Dans les entreprises qui mobilisent l'intelligence de tous, il est autrement plus délicat de laisser une place à l'individu pour exercer son regard critique vis-à-vis de l'organisation.

L'enjeu est celui de la place faite à la dimension individuelle dans le projet collectif. En ayant bien en tête qu'il n'y a pas un curseur à déplacer entre individuel et collectif, mais que les deux dimensions doivent être maximisées.

Autre question soulevée par cette approche, celle de la base sur laquelle la confiance est construite. S'agit-il d'une confiance fondée sur le partage d'émotions ou bien d'une confiance plus rationnelle, construite sur des projets débouchant sur l'innovation et le développement ? Veillons à ce que la première ne soit jamais développée au détriment de la seconde.

La responsabilité décrétée

« *Tout ce qui augmente la liberté augmente la responsabilité* » écrivait Victor Hugo. Liberté et responsabilité vont de pair, nous y reviendrons. Mais si « libérer » est simple, « responsabiliser » l'est moins. La responsabilité se construit, elle doit être accompagnée. Le collaborateur a besoin d'appuis pour l'assumer progressivement. Tout simplement parce que « l'ancien monde » ne l'y a pas préparé et l'a, au contraire, conditionné à s'abstenir.

La responsabilité ne peut être « posée par décret », si l'entreprise veut qu'elle soit effectivement acceptée et assurée. Puisque ce dont il s'agit, c'est de construire pas à pas des relations et des comportements adultes. Que met alors en place l'entreprise pour engager et soutenir ce mouvement ? Cette question ne peut être évacuée. À défaut, c'est un système organisé de maltraitance qui risque de se mettre en place, avec des individus qui se sentiront dépourvus face aux injonctions de l'organisation. Comme l'enfant jeté au milieu de la piscine pour lui apprendre à nager.

1. *Le Monde*, tribune du 5 juin 2015

La critique des managers

Le jugement porté sur les managers est radical : leur fonction est présentée comme uniquement dédiée au commandement et au contrôle, avec un rôle de « petit chef ». De plus, ils seraient les premiers opposants aux transformations.

Cette critique nous paraît non pertinente pour deux raisons. Tout d'abord parce que cela fait bien longtemps que la posture des managers s'est transformée en profondeur dans un certain nombre d'entreprises. Pour ne citer que quelques exemples que nous connaissons bien, les managers de Nexans, Eurovia, Roquette Frères, Lesaffre ou Lacoste sont depuis des années accompagnés pour se positionner en ressources pour les collaborateurs et être tout aussi investis dans le développement de leur équipe que dans son animation. Un grand groupe français, comptant 150 000 collaborateurs, sélectionne ses futurs dirigeants en organisant une ou deux fois par an une session d'assessment dont nous concevons le contenu pour ce qui est de l'évaluation du potentiel managérial de chacun des candidats. Sont en particulier appréciées deux capacités : d'une part celle à manager les talents, par exemple en faisant du développement des personnes un axe prioritaire pour son entité, d'autre part celle à donner du sens et à créer l'engagement dans la réalisation par l'énergie, l'enthousiasme, l'exemple.

Le modèle du « manager qui vous cassait une chaise sur la tête quand ça n'allait pas », selon les dires d'un opérateur de production interviewé lors d'une de nos interventions, n'en est plus un depuis bien longtemps dans ces entreprises. Qu'il subsiste dans certaines organisations des pratiques autoritaires, c'est également vrai. Mais les faits obligent à dire que la diversité des pratiques est aussi large que celle des entreprises.

C'est aussi oublier que les managers sont eux-mêmes le produit d'un système organisationnel. La même personne sera dans le cadre familial sur de l'échange, de l'écoute, de la négociation et, ultimement, dans l'explication de ses décisions. Et dans son environnement professionnel, sur des décisions unilatérales, sans écoute, échange ni explication. Si le modèle d'autorité s'est transformé radicalement et de façon quasi généralisée dans le cadre familial en une génération, comment expliquer qu'il soit resté inchangé dans certaines entreprises ? C'est bien parce l'organisation est porteuse de ce modèle ancien.

Supprimer les managers conduit à éliminer des situations de pouvoir, pas à éliminer les enjeux de pouvoir. Au contraire : les managers jouent bien souvent un rôle essentiel de tampon permettant d'alléger le poids de ces questions de pouvoir.

Notons enfin que stigmatiser les managers, voire annoncer leur disparition, n'est peut-être pas non plus l'approche la plus porteuse pour en faire les alliés d'une démarche de transformation.

La critique des fonctions support

Pour les promoteurs de l'entreprise libérée, les fonctions support sont directement associées, voire responsables de la dimension bureaucratique et autoritaire des organisations traditionnelles. Le plus virulent en la matière est sans doute Jean-François Zobrist : « L'ouvrier nourrit tout le monde. Les improductifs, le problème ce n'est pas ce qu'ils coûtent en salaire, c'est ce qu'ils font. On les paierait au soleil à rien faire, ça libèrerait l'entreprise. [...] On n'a jamais eu 40 % de parasites dans les boîtes comme maintenant. »

Cette critique se retrouve dans plusieurs écrits publiés récemment. David Graeber, anthropologue à la London School of Economics, a ainsi publié en août 2013 dans le magazine *Strike* ! un pamphlet consacré aux « bullshits jobs », littéralement « les jobs à la con ». Selon lui, l'ensemble de ces fonctions support, au-delà de leur coût, nuisent au bon fonctionnement des entreprises en n'ayant d'autre utilité que d'éviter le chômage.

Dans son dernier ouvrage[1], Marie-Anne Dujarier, sociologue et chercheuse au CNRS, met en cause ceux qu'elle désigne comme « les planneurs », gestionnaires chargés de rationaliser les tâches et d'optimiser la performance des organisations à distance. Outre une critique renouvelée des organisations bureaucratiques, elle détaille les dispositifs à l'œuvre, tout en soulignant qu'ils « présentent également un caractère impersonnel et impartial susceptible de protéger de l'arbitraire et de l'improvisation des "petits chefs" ».

Les attaques les plus virulentes concernent souvent la fonction RH : « Les RH sont des parasites à l'état pur [...]. Cela fait partie de ces sorciers devins qui se sont auto-générés » affirme Jean-François Zobrist.

Ces critiques sont donc anciennes, récurrentes et multiformes. Analysons en quoi elles peuvent être justifiées et en quoi elles seraient abusives, sous deux angles : le contenu de ces fonctions tout d'abord, la posture adoptée par ceux qui les occupent ensuite.

Pour ce qui est des contenus, les tâches réalisées par les fonctions support relèvent de trois catégories : certaines renvoient à l'administration et à la gestion et doivent être assurées par toute entreprise, soit du fait du cadre légal et réglementaire, soit du fait d'impératifs internes : produire les déclarations et documents obligatoires, payer ses salariés, etc. Les faire assurer par les opérationnels ou les externaliser se traduit en général par des surcoûts et présente donc un intérêt limité.

1. Marie-Anne Dujarier, *Le management désincarné*, La Découverte, 2015.

Dans certaines entreprises, une deuxième catégorie de tâches s'est développée, sans valeur ajoutée. Liées aux processus et au contrôle, les entretenant et les alimentant, elles caractérisent l'organisation bureaucratique. Ces tâches justifient les critiques des fonctions support évoquées ci-dessus et doivent être supprimées.

Fort heureusement, dans certaines organisations, les fonctions support ont su construire un autre positionnement en investissant une troisième catégorie d'activités. Pour l'illustrer, prenons l'exemple de la fonction RH. Certains en sont restés à une image héritée du XIXe siècle, lorsque son activité était centrée sur la discipline et le contrôle. C'est omettre que dans un certain nombre d'entreprises, la fonction RH se positionne sur le champ de la création de valeur.

Nous nous contenterons de citer ici quelques exemples d'organisations que nous connaissons bien. En remettant en cohérence l'ensemble des dispositifs sociaux de ses différentes branches avec la stratégie du groupe, Total a renforcé leur impact sur l'engagement des collaborateurs. En transformant la réalité quotidienne vécue par les équipiers dans les restaurants, la fonction RH de McDo France a modifié l'image de l'enseigne et généré un chiffre d'affaires additionnel. En menant une analyse détaillée de sa culture et en veillant à ce qu'elle soit partagée par tous, la DRH de Chèque Déjeuner a formalisé de nouveaux arguments de vente pour les commerciaux. En identifiant les craintes et les attentes du corps social, la fonction RH de la Gendarmerie Nationale a permis la réussite du rapprochement avec la Police.

À cet enjeu de contenu s'ajoute un enjeu de posture. L'ensemble des fonctions de l'entreprise, qu'elles soient dites opérationnelles ou support, doivent créer de la valeur pour le client final. Dans cette chaîne de création de valeur, certaines sont plus proches du client final, d'autres plus en amont. Mais toutes doivent n'avoir qu'une boussole : la logique de service qui permettra de servir ce client. Il est vrai que dans certaines organisations, au lieu d'être centrée sur le service apporté au client final, et donc sur l'attitude en découlant avec les opérationnels, la posture des fonctionnels est inversée. Comme si les opérationnels étaient à leur service et les clients au service de l'entreprise.

La critique des fonctions support par les promoteurs de l'entreprise libérée est justifiée pour certaines organisations, dans lesquelles coexistent une hyperinflation de tâches sans valeur ajoutée et une posture inadaptée. Mais elle est complètement décalée d'une approche moderne de ces fonctions, centrée sur la valeur ajoutée qu'elles apportent et la posture de service.

Cette question de la création de valeur par les fonctions support, mais aussi par les managers, amène à questionner le business model de l'entreprise libérée. « Une façon de regarder la durabilité de ces entreprises libérées, c'est alors de regarder leur business model [...] pour identifier les points originaux en termes de coût et de revenu et d'en apprécier la pérennité. » écrit Jean-François Gagne, enseignant chercheur en management à l'Université Paris Dauphine[1].

Si les managers et les fonctionnels ne représentent que des coûts, il est clair que la structure économique de l'entreprise sera grandement améliorée par leur suppression. Pour autant que les tâches que ces acteurs assuraient ne soient pas reprises in extenso par les opérationnels ou externalisées avec un coût plus élevé. Une logique purement comptable vient donc valider que cet allégement de la structure de coûts donne un avantage au business model de l'entreprise libérée. Le problème est que si ce gain est écrasé par une perte dans la création de valeur, cet avantage est perdu.

Comme lorsqu'il s'agit des managers, la remise en cause des fonctions support telle qu'elle est opérée revient à stigmatiser des personnes. Alors que ce ne sont pas elles, mais leurs rôles et fonctions qui sont à revisiter, pour les aligner sur ce que requiert la nouvelle organisation et les centrer sur de la création de valeur. Plutôt que de chercher des boucs émissaires, l'enjeu est de réinventer ces fonctions.

Une logique du tout ou rien

Pour les promoteurs de la libération de l'entreprise, une entreprise est libérée ou elle ne l'est pas. La cible est unique, définie à partir de quelques critères, et une organisation qui ne répond pas à l'ensemble de ces critères ne peut être considérée comme libérée. Nous sommes ici dans une logique de « labellisation », avec une approche qui a certes le mérite de la cohérence.

Pour autant, cette logique du « tout ou rien » appelle plusieurs remarques. Notons que l'enjeu premier pour l'entreprise n'est pas de respecter une nouvelle norme, mais d'engager un processus de transformation, celui qui lui sera utile pour répondre à ses enjeux. Pourquoi y aurait-il un « one best way » alors que les réalités des organisations à transformer sont hétérogènes ? L'entreprise doit-elle inévitablement s'appuyer sur un « leader libérateur » pour engager sa démarche de progrès ? Ne peut-elle s'autoriser des expérimentations sur quelques-unes de ses entités avant d'aller plus loin ? Faut-il absolument supprimer les fonctions support, même quand elles

1. *Les Échos* du 2 avril 2015.

créent de la valeur ? Est-il impératif de remettre en cause la fonction des managers même quand ceux-ci sont positionnés comme ressources de leurs collaborateurs ?

Deuxième remarque : les opérations de transformation réussies n'ont pas toutes adopté une logique de rupture. Faut-il prendre le risque d'une démarche traumatisante parce que radicale et immédiate ?

Dernier point, le « tout ou rien » a une conséquence : il garantit que de nombreuses entreprises n'initieront pas la démarche, pour ne pas risquer de bouleverser en profondeur leur quotidien sans avoir la certitude du résultat. Alors qu'une approche plus ouverte, plus pragmatique, menée par étape leur paraîtra moins risquée. En arrière-plan de la logique du « tout ou rien », l'idée que la rupture serait le seul moyen de faire bouger l'entreprise. Mais ne peut-on faire confiance aux collaborateurs dans leur capacité à se transformer, eux-mêmes et leur organisation ?

Nous nous autoriserons à ce stade une prise de position affirmée : l'enjeu pour une entité n'est pas de rejoindre la liste des entreprises libérées, mais d'entrer dans une logique de transformation qui réponde aux enjeux qui sont les siens. Les témoignages qui illustrent cet ouvrage sont des exemples d'une telle approche. Les entreprises qui partagent ici leur expérience sont-elles libérées ou pas ? Peu importe. Ce qui compte, c'est qu'elles ont initié une démarche qui leur est propre et qui va dans le sens de la libération de leur potentiel.

L'absence de régulation des interactions

Si l'initiative de chaque collaborateur est libérée et que l'organisation n'est plus régulée par des processus et par les managers, comment vont se gérer les articulations entre les collaborateurs ? Au-delà des éléments de sens, qu'est-ce qui fera que l'ensemble de leurs initiatives convergeront ? Si des arbitrages doivent être réalisés, quelle sera la démarche ? Qui prendra les décisions, et sur quelle base ?

La vidéo construite par l'agence Possum avec Isaac Getz aborde le sujet : « Pour que cette absence de hiérarchie ne devienne pas l'anarchie au bout de dix minutes, ça demande une vision d'entreprise exaltante que chacun s'approprie, quelques règles de savoir-vivre, et aussi de la part du dirigeant un peu de travail sur son ego ». Quelques règles de savoir-vivre ? L'approche est pour le moins légère.

Le corps social d'une entreprise, ce n'est pas seulement une collection d'individus, mais un ensemble de relations organisées. Des ajustements entre les individus et entre les groupes sont construits en permanence. C'est une erreur de croire que les interactions vont se réguler harmonieusement toutes seules. Pour que cela se fasse naturellement, il faudrait des logiques purement rationnelles chez l'ensemble des acteurs. Ce qui bien sûr n'est jamais le cas. De plus, ne nous faisons pas d'illusion sur les fonctionnements effectifs des acteurs dans les structures fonctionnant en réseau : faute de modalités de régulation, des hiérarchies effectives mais officieuses se créent, des structures d'allégeance se mettent en place, les jeux politiques internes prennent le dessus.

Cette situation renvoie à un paradoxe de nos sociétés modernes, avec le décalage entre l'accent extrêmement fort mis sur les libertés individuelles d'une part et ce qui est bon pour le collectif d'autre part. Deux siècles et demi de libéralisme économique et politique ont fortement ancré dans nos lois, mais aussi dans nos consciences, la liberté et l'autonomie de chacun. Jusqu'à Disney qui en a fait un *must* en 2013 avec « Libérée, délivrée », la chanson du film d'animation « La reine des neiges ». Mais cet optimum individuel correspond-il à l'intérêt collectif ? Le philosophe Mark Hunyadi[1] en doute, qui estime que la défense de nos libertés individuelles a conduit à abandonner en chemin la question « antique » sur ce qui serait bon et juste pour la société prise collectivement.

LES BASES D'UNE DÉMARCHE

Comme nous avons vu, les transformations qui s'imposent à l'entreprise lui dictent de muter elle aussi en profondeur pour s'adapter à ce nouvel environnement. Rapprocher les caractéristiques de notre société contemporaine et les réalités des organisations ne peut que conduire à cette conclusion. Il y a donc bien un besoin de transformation radicale des modes de fonctionnement de l'entreprise, certains diront de libération.

Tirer cette conclusion de déterminants externes nous fournit une clé essentielle. Ce qui est en jeu, c'est tout simplement la pérennité de l'entreprise et donc la performance qu'elle est capable de délivrer, avant la question du bien-être des salariés ou de leur épanouissement au travail. L'enjeu est moins celui des droits de l'individu face à son entité que l'énorme besoin qu'a désormais l'entreprise de libérer l'initiative. Les choix organisationnels, leur philosophie et les méthodes adoptées sont des moyens pour satisfaire le client et obtenir ainsi des résultats, dans un système de contraintes externes qui sont loin d'être négligeables.

1. Mark Hunyadi, *La tyrannie des modes de vie*, Éditions du bord de l'eau, 2015.

Cette « commande par l'extérieur » donne toute sa légitimité et sa puissance à la démarche : en effet, l'expérience montre que les approches qui partent de l'individu et du social pour aller vers l'entreprise et l'économique conduisent à l'échec. Nous nous devons de constater que c'est la démarche contraire qui est efficace dans notre système. Il n'est possible de réconcilier l'économique et l'humain qu'en partant de l'économique. Tout simplement parce que dans la grande majorité des organisations, particulièrement au sein des entreprises à capitaux privés, il est illusoire d'imaginer construire une mobilisation forte et durable des actionnaires, dirigeants et managers sur le bonheur au travail. Alors que cette mobilisation peut être obtenue si l'objectif est la performance, qui est en permanence au cœur de leurs priorités et de leurs préoccupations. En affirmant cette position, le risque est de paraître cynique, alors qu'il s'agit seulement ici de faire preuve de réalisme.

Pour autant, cette performance ne pourra être atteinte qu'au travers de l'épanouissement au travail. Le résultat est une résultante. Nous avons vu le lien, plus fort pour les travailleurs du savoir, entre engagement et performance. Mais la chaîne complète part de l'épanouissement au travail. C'est parce que le collaborateur s'épanouira dans son activité professionnelle qu'il sera engagé, c'est parce qu'il sera engagé qu'il sera performant.

Ce à quoi conduisent notre diagnostic et les limites identifiées dans l'approche des promoteurs de l'entreprise libérée, ce sont des réponses pour partie différentes de celles qu'ils proposent. Il s'agit moins de mettre en place une recette avec une liste d'ingrédients et un assemblage précis, constituant « l'entreprise libérée », que d'agir pour la libération du potentiel individuel et collectif de ceux qui font l'entreprise, avec certes des notions à retenir et à préciser, mais aussi d'autres à ajouter.

À l'issue de notre première partie, nous avions représenté en six cercles concentriques l'ensemble des dimensions dont l'entreprise doit se libérer, selon Isaac Getz et Brian Carney :

1) Les normes, procédures et règles que l'entreprise s'impose, à caractère bureaucratique.
2) Les dispositifs de contrôle, qui renvoient à une logique de défiance.
3) Les processus, ensembles d'activités décrivant la réalité de l'entreprise de façon transversale.
4) Les mécanismes de coordination et de régulation, « modes de fonctionnement » de l'entreprise.
5) Les fonctions support, avec une activité de prescription et de contrôle.
6) Les managers, avec une fonction principale de contrôle.

À ce stade, il nous est possible de prendre position. Oui, les deux cercles les plus larges, normes, procédures et règles d'une part, dispositifs de contrôle d'autre part, doivent être abolis. À défaut, l'entreprise ne changera pas de logique. Les deux cercles intermédiaires, constitués des processus et de mécanismes de coordination et de régulation, doivent être réinventés : ils sont indispensables au fonctionnement de l'entreprise, mais leur finalité et leur construction actuelle sont inadaptées aux enjeux contemporains. Quant aux deux cercles les plus proches du collaborateur, constitués par les fonctions support et les managers, ils doivent faire l'objet d'un repositionnement radical sur d'autres rôles, avec d'autres postures.

C'est sur cette base qu'il y a de la part de l'entreprise un mouvement à engager et un chemin à tracer. Mouvement et chemin qui sont propres à chaque entité : nous en revenons à l'impératif de contingence. L'entreprise doit se libérer à partir de ses réalités et de ses enjeux propres. Il ne peut donc y avoir de méthodologie unique. Pour autant, des notions clés se dégagent.

LES CINQ NOTIONS CLÉS

La liberté et la responsabilité

L'entreprise a besoin de rendre leur liberté à ceux qui la composent. Il s'agit là d'une condition indispensable pour qu'elle se développe en étant capable de prendre en compte les transformations majeures de son environnement.

Par le passé, les revendications portant sur la liberté et l'autonomie étaient souvent de nature idéaliste, basées sur la volonté de mieux prendre en compte l'humain : principe de subsidiarité de l'Église catholique, mouvement anarchiste, autogestion des années 60 et 70 ou mouvements patronaux à fibre humaniste. Cet enjeu d'autonomie et de liberté doit aujourd'hui être abordé sous un angle nouveau : il s'agit du principe organisationnel qui permettra à l'entreprise d'assurer la meilleure performance, notamment en déplaçant au plus près du client le pouvoir de décision et en permettant à tous les collaborateurs d'être source d'innovation.

Cette liberté suppose la confiance a priori. À défaut, elle ne peut se déployer et sera très rapidement remise en cause. Elle suppose aussi qu'ait été posé un cadre d'exercice dans lequel elle pourra s'appliquer. Le footballeur est libre de jouer le match qu'il veut du moment qu'il respecte les règles du jeu. Le citoyen est libre d'organiser sa vie comme il l'entend, du moment qu'il respecte les lois. Le collaborateur doit être libre d'agir comme bon lui semble, du moment qu'il respecte les éléments posés par l'entreprise et le collectif de travail.

La liberté dont le collaborateur bénéficie renvoie à la responsabilité dont il fait preuve. Responsabilité à double sens : il s'agit de respecter le cadre d'exercice évoqué ci-dessus, mais aussi d'en utiliser toutes les possibilités. En effet, donner à un collaborateur toute liberté sans traiter la question de la responsabilité renvoie à deux écueils possibles : l'utilisation de cette liberté au détriment des éléments posés par l'entreprise, qui conduit de fait à mettre en cause la liberté des autres. Mais aussi l'absence d'utilisation de cette liberté, faute de responsabilité.

La responsabilité ne se décrète pas, elle se construit. Dans cette entreprise de la distribution spécialisée, le constat avait été fait d'une réactivité faible du personnel en magasin. L'analyse des chiffres mettait en évidence que selon les magasins, selon les jours, ce n'était pas toujours le bon levier qui était activé pour développer le chiffre d'affaires : taux de transformation (part des clients entrés dans le magasin qui achète), montant du panier moyen, vente additionnelle, etc. Les vendeurs avaient été formés à déployer une méthode de vente standard, sans se poser de questions. L'entreprise a décidé de redonner à chacun d'entre eux une liberté complète dans son approche du client, sur la base d'indicateurs fournis en direct sur les ordinateurs de la surface de vente. Le constat établi lors du premier bilan, quatre mois après, a été rude : les pratiques étaient inchangées et il n'y avait eu aucun effet sur le chiffre d'affaires. L'entreprise a repris le projet à zéro. Les vendeurs ont été sensibilisés aux enjeux économiques. Des moniteurs sont venus accompagner les équipes, en déployant eux-mêmes les bonnes pratiques, puis en aidant les vendeurs à les mettre en œuvre avec une autonomie de plus en plus forte. Cette démarche aboutissait à une validation formelle, reconnaissant que le collaborateur s'était approprié dans la pratique cette nouvelle responsabilité. Pour permettre cette montée en puissance, l'entreprise s'était assurée que ce changement de rôle était compris, qu'il était accepté, qu'il était maîtrisé, puis, enfin qu'il était encouragé. Dans les six mois qui ont suivi, le chiffre d'affaires a crû de près de 10 %.

Autre illustration, cette entreprise du secteur bancaire a formalisé une compétence qu'elle veut développer en priorité chez ses managers : « Pour satisfaire le client, il est autonome et à l'initiative, décide. Pour cela, il veille à ce que toutes les marges de manœuvre soient pleinement utilisées, il tranche en son âme et conscience quand la satisfaction du client est en jeu, il sort du cadre quand la situation le nécessite, il arbitre en faveur de la qualité de la relation long terme avec le client. » Afin que chacun puisse s'évaluer sur cette compétence, nous avons mis en place un dispositif d'assessments comprenant une simulation de la situation suivante : « Je suis un de vos collaborateurs. En réponse à la demande de prêt impromptue d'un de nos plus gros clients, je ne vous ai pas fait valider le dossier comme le prévoit la procédure, et l'ai transmis directement au service concerné. Ce qui a permis de fidéliser le client qui s'apprêtait à accepter une offre concurrente. C'est votre propre patron qui vous a alerté : il trouve ce type de comportement risqué ». Alors que l'entreprise travaille depuis plusieurs années le développement de la culture client, elle a eu la surprise de voir un tiers des collaborateurs imposer l'application de la procédure au détriment du client. Le mouvement de responsabilisation restait à consolider.

L'approche consistant à articuler liberté et responsabilité renvoie à un autre « couple de tensions » dans l'entreprise : celui entre bienveillance et exigence, déjà évoqué à propos des pratiques managériales défaillantes. L'échec du modèle que nous pourrions qualifier de « presse-citron », consistant à accroître la pression sur les collaborateurs pour améliorer leur performance, ne doit pas pour autant disqualifier la notion même de performance : toute organisation humaine doit intégrer des impératifs d'efficacité pour exister dans la durée. Développer en parallèle liberté et responsabilité permet de répondre à la contradiction apparente entre bienveillance et exigence : la liberté donnée au collaborateur, basée sur la confiance a priori, renvoie à la logique de bienveillance. Tandis que la logique de responsabilité qu'il développe l'amène à être lui-même porteur d'exigence par rapport à son activité.

Témoignage

Libérer l'entreprise, c'est accepter de lâcher prise, par Pascal Demurger

Pascal Demurger est Directeur du groupe MAIF, société d'assurance mutuelle créée en 1934 dont le siège social est basé à Niort. Elle rassemble 7 000 collaborateurs au sein de 220 établissements, avec *3,1 millions de sociétaires. La MAIF occupe la première place du podium de la relation client depuis la création du prix en 2003. Elle est le premier assureur des associations et des établissements publics, le cinquième assureur automobile et habitation.*

Je souhaite aujourd'hui donner de nouvelles marges de manœuvre à nos collaborateurs. Tout ne se fera pas en un claquement de doigt, et notre approche est progressive. C'est notre large transformation conduite de 2009 à

☞

☞

2014 qui nous a conduits à souhaiter que les collaborateurs s'expriment plus largement et libèrent tout leur potentiel.

Nous avons en effet mis en place une large modification des organisations et des processus de production de notre entreprise. Cette organisation supposait de rassembler des compétences très différentes dans des unités de taille réduite, avec de ce fait la nécessité d'assurer une polyvalence importante des collaborateurs. Nous avions non seulement un déficit de productivité mais aussi des problèmes de qualité dans les réponses que nous pouvions apporter parfois à nos sociétaires. Nous avons donc mis en place des centres d'appel et spécialisé un peu plus nos structures. Nos plateaux téléphoniques rassemblent aujourd'hui une cinquantaine de personnes au maximum, les salariés saluent ces changements comme en témoigne notre baromètre social et, pour éviter certaines confusions, nous avons également mieux réparti les rôles entre nos salariés et notre structure militante, qui est une spécificité importante de la MAIF.

Nous sommes un « assureur militant ». Avant la réorganisation, nos militants et les salariés de la MAIF travaillaient ensemble au sein des délégations départementales. Une forme d'acculturation s'est développée et rendait l'expérience client incroyablement riche. Les militants infléchissaient la relation client, ils étaient exigeants quant à la qualité et la rapidité des réponses apportées par les salariés aux sociétaires, ils portaient ainsi à un haut niveau l'excellence du service à fournir. C'est ce que nous nommons parfois la « zone grise ». C'est une forme d'adaptation des processus dans l'intérêt du client, une marge de manœuvre que prend chaque acteur pour mieux faire, des relations informelles qui génèrent aussi de la qualité et de la performance. Cela, je ne voulais pas le casser, et la transformation faisait peser un risque en la matière, celui de la banalisation de notre relation client tandis que cette dernière est clairement notre axe de différenciation.

Dès lors, à toutes les étapes du changement, nous avons cherché à préserver notre « touche » MAIF. Nous avons industrialisé tout en gardant le sens de notre action et en le partageant avec les collaborateurs. Nous avons réussi à générer 25 % de gains productivité et à aller plus loin dans l'attention portée aux sociétaires.

Nous avons tout fait pour que les processus au cœur de nos activités soient les plus légers possibles. Dans le monde de l'assurance dire « vous êtes compétents, vous pouvez donc faire ce que vous voulez » n'a pas de sens ; nous devons respecter certaines règles. Il y a des processus qui sont incontournables. Mais durant ces cinq années de transformation, j'ai engagé les collaborateurs à faire remonter tous les obstacles, toutes les barrières qui font perdre du temps, de la qualité de service ou de la qualité de vie au

☞

travail. Cette démarche, conduite avec de nombreuses réunions sur le terrain et des forums en ligne, a bien fonctionné au sein du réseau même si elle a été plus complexe à conduire au niveau du siège où les activités sont plus diverses.

Cette étape liée aux modifications organisationnelles est derrière nous. Il nous faut à présent passer à un travail plus profond sur les comportements. Il doit nous éviter les déviances technocratiques et responsabiliser chaque collaborateur.

Ce qui va nous permettre de faire bien vivre cette organisation, c'est d'essayer de devenir une entreprise où les initiatives sont encore plus « libérées ». C'est un véritable nouveau projet, stimulé par trois enjeux. Tout d'abord, si nous sommes exemplaires dans notre relation client, je voudrais que nous le soyons aussi avec nos collaborateurs ; ce qui se pratique au sein de l'entreprise se voit à l'extérieur. La « symétrie des attentions », vers les clients et vers les salariés, est un concept auquel je crois beaucoup. Cette exigence forte passe par la redéfinition du rôle des managers. Je ne souscris absolument pas à la fin du management, mais bien plus en la nécessité de le repenser. Au sein de la MAIF, nous voulons un management par la confiance.

Dans le monde d'aujourd'hui où une grande partie des services passent par le digital et où l'entreprise est plus ouverte sur son environnement extérieur, nous devons cultiver notre capacité d'innovation. Celle-ci ne passe que par les femmes et les hommes, animés dans une logique collective, et des organisations plus horizontales.

Enfin, et c'est une conviction plus personnelle, je crois que lorsqu'on dirige une entreprise qui se porte bien et qui génère la performance attendue, il y a presque une obligation morale à faire de cette collectivité un lieu d'épanouissement plutôt que de tension.

Sur cette base, aller plus loin pour libérer nos énergies suppose une évolution des comportements. Les comportements se travaillent et ne doivent pas être considérés comme une seule résultante de la culture d'entreprise. Ils sont évolutifs.

Nous sommes donc à la MAIF au début d'un processus et j'espère que les pièces du puzzle s'assembleront correctement. Je peux en donner quelques illustrations, mais il s'agit d'actions conduites avec une logique d'expérimentation, sans ordre préétabli.

Nous avons lancé une vaste opération où nous avons décrit ce que sont nos comportements gagnants, à tous les niveaux de l'entreprise, et parmi eux le fait de faire simple, d'oser dire les choses, de savoir les entendre ou d'être respectueux de l'autre. Il n'y a pas dans ces éléments, vus de l'extérieur, grand-

☞

chose d'innovant. Mais c'est le processus lui-même, très collaboratif, de description de ces comportements qui a conduit à d'importantes évolutions. Aujourd'hui, nous avons un cadre de référence qui incite le collaborateur à prendre des initiatives. Il n'est pas encore ancré dans toutes les équipes, mais cela va venir.

Par ailleurs, les objectifs purement individuels qui étaient la norme jusqu'ici au sein du groupe, notamment pour les commerciaux, ont tendance à disparaître. Nous avons défini trois règles pour les déterminer : ils doivent être collectifs pour créer une dynamique dans l'équipe, qualitatifs plutôt que purement quantitatifs, issus du terrain et contractualisés avec la direction et non plus top-down.

Nous n'avons pas supprimé les fiches de postes. En revanche, nous proposons aux collaborateurs d'enrichir considérablement leurs expériences par des moyens innovants qui viennent contrebalancer la partie nécessairement plus normée de l'activité quotidienne d'un collaborateur de mutuelle. Ainsi, nous avons mis en place un dispositif « Explor'Action » qui permet à chacun d'explorer un environnement professionnel en dehors de son activité, hors de l'entreprise et de développer ses compétences. Nous avons aussi largement étoffé notre dispositif de gestion des carrières et cherchant à positionner le collaborateur en acteur de son développement au sein ou hors de l'entreprise.

J'ai voulu donner une place particulière aux managers dans le cadre de cette évolution culturelle. Ma conception du management est simple : un manager c'est celui qui rend capable. Il donne le sens, à partir de la stratégie d'entreprise qu'il traduit en actions avec son équipe, mais avant tout il accompagne ses collaborateurs. Par la confiance qu'il accorde et au travers de l'environnement qu'il crée autour de lui, il permet à ses équipiers de sortir du cadre. J'ai dit au printemps 2015 à cette communauté de managers que je comptais libérer davantage la parole et les initiatives et que je croyais que leur rôle était central pour que cela se réalise. Ce séminaire était un moment rare, il s'est vraiment passé quelque chose. J'ai moi-même été étonné de ce qui s'est joué. Je me suis exprimé en laissant parler mes convictions, mes sentiments, mes « tripes », en reprenant les éléments que je viens d'évoquer. Cela a pu étonner. Mais j'ai ouvert ce qui était sans doute un verrou important pour la « libération » de l'entreprise. J'étais à ce moment-là sur un registre émotionnel. Quand j'évoquais ce que je voulais pour l'entreprise, cela sortait du plus profond de moi, et était en adéquation avec qui je suis vraiment : lâcher prise, faire confiance, oser et permettre, se placer au service de ses collaborateurs.

Cela me conduit à m'interroger sur mon propre rôle de dirigeant, ou de leader si j'osais le terme. Je ne veux pas être un dirigeant « gourou », mais

☞

☞

mon rôle est celui de l'impulsion, il faut sans arrêt entretenir le mouvement car l'inertie est énorme dans les grandes organisations. L'entreprise libérée est un état. Libérer l'entreprise est un mouvement. Je crois que pour libérer les initiatives mon rôle est de générer ce mouvement continu.

Parfois l'approche sur l'entreprise libérée me semble un peu normative, ce qui est un sacré paradoxe. On ne serait entreprise libérée que si l'on répond à des critères extrêmement précis. Cela me gène. Pour moi, c'est au contraire dans une forme de foisonnement, de tâtonnement, d'adaptation à des contextes que cela se joue.

Les éléments de culture et de sens

« Certains ne voient dans l'entreprise libérée que la platitude des structures, l'autonomie des acteurs et l'absence de contrôles et de procédures, mais ce n'est que l'apparence des choses… Ces entreprises ont un projet, un horizon au-delà de leurs opérations ; les salariés ne partagent pas leurs compétences ou leurs motivations mais une vision qui les dépasse, une sorte de troisième dimension qui fait tout le sens de leur engagement dans le travail collectif. » exprime Maurice Thévenet sur le site RH Info[1].

Les auteurs de Liberté & Cie posent en effet la production d'une vision par le leader libérateur de l'entreprise comme élément structurant de leur approche. Ils soulignent par ailleurs le rôle de *designer,* puis de garant de la culture que celui-ci doit ensuite jouer.

Ce qui est certain, c'est qu'à partir du moment où l'organisation n'est plus gouvernée par les processus et les rapports hiérarchiques descendants, les caractéristiques culturelles et stratégiques partagées constituent le premier élément qui permet de faire converger les activités individuelles. Elles participent du cadre de jeu dans lequel pourra s'exercer la liberté des individus.

« Si tu veux construire un bateau, ne rassemble pas tes hommes et femmes pour leur donner des ordres, pour expliquer chaque détail, pour leur dire où trouver chaque chose… Si tu veux construire un bateau, fais naître dans le cœur de tes hommes et femmes le désir de la mer. » exprimait Antoine de Saint-Exupéry.

1. Chronique datée du 13 mai 2015.

La notion de projet d'entreprise n'est guère plus utilisée, mais certaines entreprises mènent un exercice de construction de leur vision qui peut être très riche. Il va souvent très au-delà de ce qui est exprimé par les auteurs de Liberté & Cie : « la volonté d'obtenir des performances de niveau mondial » n'est pas la seule ambition possible, ni même la première.

Ce qui est à définir en premier lieu, c'est la mission de l'entreprise, sa raison d'être : au-delà de sa finalité économique, quelle est son utilité sociétale ? Danone affirme que sa mission est « d'apporter la santé par l'alimentation au plus grand nombre ». Décathlon travaille à « rendre le plaisir et les bienfaits du sport accessibles à tous ». Disney cherche à « rendre les gens heureux, en leur offrant du rêve, de la magie, une expérience émotionnelle unique et inoubliable ». Les collaborateurs de GrandVision veulent « apporter ensemble à chaque citoyen le confort et le plaisir de bien voir à chaque moment de vie avec simplicité et transparence ». Énoncées en une phrase, ces missions peuvent paraître simplistes ou peu disertes. Pourtant, par expérience, quand cette mission est animée en interne et que les actes de l'entreprise sont cohérents avec elle, elle constitue une extraordinaire source de sens et d'engagement.

Souvent associées à la mission, les valeurs de l'entreprise. Leur définition et leur partage peuvent aussi constituer une boussole pour tous, sous réserve que soit mis en place ce qui permet d'aligner effectivement les pratiques sur ces valeurs. Comment traiter telle ou telle situation où je dois agir, décider ou adopter un comportement ? La réponse est plus facile à définir pour le collaborateur en situation s'il se réfère à ces valeurs.

Derrière vient l'ambition de l'entreprise : que veut-elle être à terme ? Qu'aspire-t-elle à devenir ? Que veut-elle réaliser ? L'Oréal affirme ainsi : « Notre ambition pour les années à venir est de séduire un nouveau milliard de consommateurs à travers le monde en créant des produits cosmétiques qui répondent à l'infinie diversité de leurs besoins et de leurs désirs de beauté. »

Mais l'acteur autour duquel l'ensemble de ces éléments de sens doivent être construits, c'est le client. Parce que c'est de sa satisfaction que dépend l'avenir de l'entreprise, mais aussi parce que cette satisfaction est de plus en plus difficile à obtenir. En transférant aux collaborateurs en contact avec le client la capacité de décider et d'agir en situation dans une logique de pyramide inversée, l'entreprise n'a rien fait d'autre que de mettre le client au centre du jeu.

La formalisation d'une « proposition de valeur client » va permettre à toute l'entreprise de capturer cette cohérence partagée, à partir d'une question : quels sont les facteurs de différenciation de l'entreprise pour ses clients par rapport à ses concurrents ? Il peut s'agir du prix, du caractère innovant de ses produits et services, de son expertise, du service associé au produit qu'elle vend, etc. Cette proposition de valeur client, valorisée dans un business model qui permet de valider sa pertinence économique et matérialisée par des axes prioritaires de développement, constitue la stratégie de l'entreprise. Et cette stratégie, quelle que soit sa temporalité, peut aussi devenir partie intégrante du sens sur lequel les collaborateurs s'engagent au quotidien.

Mission, valeurs, ambition, proposition de valeur client et stratégie renvoient globalement à l'identité de l'entreprise et au projet que partagent ses collaborateurs. Ce qui constitue un très fort levier d'engagement, mais aussi une boussole qui donne la direction et aide chacun à prendre dans son périmètre les décisions qui contribueront à leur mise en œuvre. D'une certaine manière, ces éléments de sens partagés viennent se substituer au moins pour partie aux normes et contraintes de l'ancien système.

Notons que ces deux premières notions clés, liberté et sens, sont indissociables : à défaut de sens, la liberté devient anarchie ; à défaut d'initiative, le sens ne se matérialise pas.

Témoignage

Les valeurs et le principe de subsidiarité au cœur de la performance, par Francis Étienne

Francis Étienne est Directeur des Ressources Humaines du groupe Daher fondé en 1863. Le groupe intervient dans plusieurs domaines : construction d'avions et d'aérostructures, logistique intégrée, services nucléaires et vannes. Il réalise aujourd'hui un chiffre d'affaires annuel d'un milliard d'euros. L'effectif du groupe est passé en quinze ans de 1 000 à près de 9 000 collaborateurs.

Dans les années 2000, la stratégie du groupe a pris un véritable tournant : nous sommes devenus des industriels. Ou plus précisément, des industriels qui comprennent les enjeux de la logistique et disposent aussi d'une gamme de services. Aujourd'hui, ce qui fait notre distinction sur le marché, c'est la symbiose entre nos activités industrielles et nos activités de service. Ceci nous permet de mieux affronter les cycles de nos différents business. Notre croissance a été rapide au travers de nouveaux contrats et de belles acquisitions. Daher est un modèle unique, avec une transformation du groupe en moins de 10 ans, d'un prestataire de services logistiques à un industriel dans l'aéronautique et le nucléaire.

☞

☞

Aujourd'hui, Daher, ce sont des métiers différents, des processus et des modes de fonctionnement variables, ainsi que des business models spécifiques. Sur chacun de nos métiers, nous voulons être les *best in class* d'ici 2017. Pour y parvenir, nous nous sommes dotés d'un programme de transformation, « Performance 2017 », qui inclut quatre types de projets : un plan d'excellence opérationnel, des efforts portant sur l'innovation, la recherche d'une robustesse financière accrue et le développement de nos ressources humaines.

Notre spécificité tient dans un modèle original de développement et dans des valeurs qui constituent un réel ciment culturel. Notre diversité, nous l'abordons au travers de ces valeurs communes : innovation, responsabilité, entreprenariat et respect. Elles ont facilité les acquisitions d'hier. Ce sont elles qui accompagnent aujourd'hui notre croissance. Nous développons les marges de manœuvre laissées aux collaborateurs pour que chacun innove et puisse proposer des améliorations à son niveau. La notion de responsabilité est, elle, abordée sous l'angle « je prends, j'assume », et pas nécessairement dans une logique « je rends des comptes ». Le « droit à l'erreur » est également un élément important chez Daher. Il est incarné par notre Président qui incite en permanence à prendre des initiatives. C'est véritablement un état d'esprit qui permet à chacun d'oser et de se dépasser. Entreprendre suppose l'initiative et le mouvement, ce que nous accompagnons toujours. Notre première valeur, le respect, renvoie à notre culture humaniste, respect vis-à-vis de nos collaborateurs, nos fournisseurs et nos clients.

Notre développement passera par la décentralisation et la responsabilisation des collaborateurs. Nous voulons faire vivre le principe de subsidiarité. Ainsi, un large programme d'optimisation (*Solution for Excellence and Empowerment by Daher*) a été initié l'an dernier pour garantir que les décisions soient prises au plus près du terrain. Il s'agit de délivrer en continu un produit ou un service qui satisfera au mieux le client dans des conditions optimales de sécurité, qualité, délai et coût. Nous responsabilisons les compagnons afin qu'ils soient en capacité, au plus près du terrain, de prendre les décisions et d'améliorer les performances.

Le paradoxe apparent, c'est qu'il nous faut plus de mouvement, mais aussi un cadre commun structuré. L'enjeu pour le groupe est de passer d'une culture d'entreprise de taille intermédiaire à celui d'une grande entreprise et ainsi devenir un leader international tout en préservant ses valeurs et sa réactivité. D'un côté, nous avons toujours su agir vite dans nos acquisitions ou prises de décision. Notre secteur d'activité est engagé dans une guerre de mouvement, pas dans une guerre de tranchée. De l'autre, nous avons besoin de cohérence, de vocabulaire et de modes de fonctionnement communs. Nous savons

☞

☞

qu'une PME tourne grâce à son patron, une entreprise de taille intermédiaire grâce à une petite équipe, mais une grande entreprise n'est durable que si son organisation et ses modes de fonctionnement tiennent la route. Les processus sont alors conçus pour constituer un guide pour l'entrepreneur. Daher est encore, malgré son âge, une entreprise adolescente qui doit passer à l'âge adulte. Ceci suppose de nous doter de processus robustes et fiables. Mais il faut en indiquer le sens, le « pourquoi ».

Nous n'avons pas formalisé cela, mais nous cherchons à bien équilibrer dans notre développement le recours à des règles, si elles sont utiles au business ou à la structuration de l'entreprise, et le respect de nos valeurs laissant une part importante à l'initiative et à la responsabilisation de chacun. Ce n'est pas simple et cela suppose de se questionner régulièrement sur l'équilibre auquel nous sommes parvenus.

Il n'est pas certain que tous les collaborateurs connaissent ces valeurs. Elles sont issues de la famille Daher qui les incarne dans ses comportements et ses décisions de gestion. Nous n'en avons pas fait un instrument de marketing. Elles sont d'abord vécues au quotidien.

Patrick Daher, le Président du groupe, les illustre précisément lors des journées d'intégration. Il demande aux cadres de devenir les messagers de ces valeurs. Elles sont donc d'abord partagées oralement. Nous avons longtemps pensé que les décrire trop précisément pouvait potentiellement restreindre leur champ d'application et leur portée. Nous les avons cependant formalisées il y a une dizaine d'années, pour pouvoir nous développer sans perdre notre âme, mais aussi pour faciliter notre communication externe et faire comprendre notre différence. Il s'agissait d'affirmer ce qui fait de nous un acteur à part sur le marché et qui est de nature à rassembler les collaborateurs. Cette cohérence entre ce qui était vécu en interne et porté vers l'extérieur est primordiale.

Mais nous avions besoin de les rendre plus opérationnelles encore. Et dans une période de transformation forte, nous pensions qu'elles pouvaient constituer un point d'appui, surtout si elles étaient claires pour tous et que chacun pouvait mesurer sa capacité à les mettre en œuvre. Tous nos cadres sont désormais évalués en croisant deux axes : d'une part, de façon très classique, leur performance en combinant atteinte des objectifs et qualité de la tenue du poste, d'autre part l'adéquation aux valeurs. Dans nos *people reviews*, nous croisons ces deux dimensions. De même, les valeurs sont intégrées dans notre processus du recrutement.

Derrière les outils pour décliner nos valeurs, ce qui compte c'est bien l'âme qui se dégage de notre entreprise et le fait que nous nous adressions aussi au cœur de nos collaborateurs.

Les compétences

Liberté et sens : les deux premières notions clés sont développées par les promoteurs de l'entreprise libérée, à juste titre. Mais il y en a une troisième, qui est une condition de réussite : la valorisation des compétences.

Les mêmes posent un impératif : « C'est celui qui fait qui sait ». Et effectivement, être en situation permet de recueillir les informations, dans toute leur complexité, que la construction d'une réponse pertinente nécessite d'intégrer. Mais pour traiter ces informations de manière adéquate, le collaborateur doit maîtriser un certain nombre de compétences, qu'il va combiner avec les informations recueillies. Il y a donc un second impératif : « C'est celui qui sait qui fait. »

Pour que ces deux impératifs puissent être combinés, il est indispensable de développer les compétences des personnes qui se trouveront en situation, pour qu'elles soient « armées » dans la prise de décision. C'est en professionnalisant les collaborateurs que l'entreprise pourra éviter de complexifier l'organisation et d'en revenir alors aux dérives organisationnelles évoquées plus haut.

Comment un opérateur de production, par exemple, pourrait-il prendre l'initiative de tâches de maintenance de premier niveau s'il n'en maîtrise ni les modalités, ni les conséquences ? Comment un commercial pourrait-il répondre de façon autonome à un client s'il ne maîtrise pas le catalogue des produits ?

La maîtrise par le collaborateur des compétences requises est une des clés de la mise en place d'un nouveau modèle organisationnel. Ce n'est pas en soi surprenant : comment pourrait-on assumer une responsabilité sans en maîtriser les compétences nécessaires ? L'enjeu de la montée en compétence, et donc la diffusion et le partage des expertises et savoir-faire, avec les logiques de coopération que cela suppose, doit être adressé pour pouvoir mener à bien un projet de transformation de l'entreprise. Ceci ne doit pas pour autant conduire l'entreprise à redonner le pouvoir aux experts et à inverser à nouveau la relation entre opérationnels et fonctionnels. L'expertise est au service du terrain et doit en rester à cette posture.

Notons par ailleurs que l'entreprise répondra ainsi à une des aspirations évoquées dans la deuxième partie : la volonté des personnes d'apprendre et de se développer en continu. La question de l'employabilité ne peut être déconnectée du modèle organisationnel : « Le fordisme imposait un renoncement à la liberté en échange de la sécurité ; le post-fordisme propose de reconquérir la liberté sans offrir de sécurité. [...] La sécurité repose donc en partie sur la reconnaissance des capacités, des compétences et des savoirs des individus. » affirment les auteurs d'un ouvrage récent.[1]

L'organisation

« Ce qui caractérise [...] le monde de la liberté, de la qualité et de la primauté des rapports humains dans lequel nous entrons », écrivait Michel Crozier[2], ce n'est pas *moins* d'organisation mais *plus* d'organisation. Le paradoxe moderne, c'est que plus les individus sont libres, plus une anarchie humainement acceptable ne reste possible qu'avec un supplément extraordinaire d'organisation. Il s'agit, il est vrai, d'un modèle d'organisation extrêmement différent, beaucoup plus ouvert, souple et tolérant. Mais il s'agit toujours d'organisation impliquant limites, contraintes, coordination et gouvernement. Le malentendu vient du fait que nous ne pouvons encore imaginer l'organisation autrement que taylorienne et bureaucratique, et donc que, pour nous débarrasser de contraintes devenues insupportables et inefficaces, nous entreprenons de supprimer toute possibilité d'organisation. »

Les choix organisationnels développés dans certains des apports recensés dans la première partie de cet ouvrage pourraient être utilement repris par grand nombre d'entreprises : principe de subsidiarité, pyramide inversée, etc.

Trois questions doivent être traitées, qui sont articulées : La première porte sur la structuration d'ensemble de l'entreprise, avec un principe fondamental : elle doit être conçue à partir des flux et processus qui mènent au client, et non en fonction de logiques internes.

La deuxième concerne les unités de travail. Là aussi, les apports sont nombreux : équipes autonomes, éléments inspirés du *lean*, etc. Avec bien sûr, le principe fondamental de liberté, qui conduit à mettre en place des unités à taille humaine disposant d'une forte autonomie.

La troisième question, plus complexe, porte sur les interactions entre les personnes et entre les entités. Pour qui intervient sur les organisations humaines, il est évident qu'elles doivent être traitées. Là où l'entreprise enlève du contrôle, elle doit introduire de la régulation. En ce sens, les travaux de Frédéric Laloux apportent des éléments de réponse, de même que les travaux sur la sociocratie ou l'holacratie. L'entreprise doit définir ce

1. Maëlezig Bigi, Olivier Cousin, Dominique Méda, Laetitia Sibaud et Michel Wieviorka, *Travailler au XXIe siècle*, Robert Laffont, 2015.
2. Michel Crozier, *L'entreprise à l'écoute*, InterÉditions, 1989.

que sont ses propres processus d'apprentissage collectif : résolution de problèmes, répartition des responsabilités, décision, arbitrage des conflits et politiques RH. L'enjeu est de faciliter les communications, échanges, opportunités de développement, partage d'expériences, fertilisations croisées et convergences entre les personnes et entre les unités autonomes.

Le travail effectué ces dernières années par les Chambres de Commerce françaises à l'étranger, présentes dans 82 pays, vient illustrer cet enjeu. Elles ont su multiplier les initiatives de collaboration entre elles à travers de multiples partages d'expériences, de séminaires de développement, d'outils et de bases documentaires en ligne au moment où chacune subissait les conséquences de la crise mondiale. Elles ont aussi réussi à mieux se positionner dans leur environnement concurrentiel grâce à une collaboration renouvelée avec les Chambres situées en France et à une astucieuse répartition des rôles avec leurs concurrents historiques.

Le cadre éthique

Mener une démarche de libération suppose de construire dans l'entreprise des rapports responsables, basés sur le respect plein et entier de la personne.

Or la démarche consistant à développer une culture forte, à mettre en place des mécanismes pour que l'entreprise soit gouvernée par ces éléments et à favoriser l'émergence d'un contrôle social de chaque acteur par tous les autres n'est pas sans risque. Déplacer le curseur de la prescription à la conformité culturelle pousse les individus à intérioriser certaines contraintes. Sauf à considérer que le travail est par nature une relation d'aliénation, auquel cas la cause est perdue, l'entreprise doit poser des garde-fous pour éviter ces nouveaux risques.

Dans cette entreprise qui compte plusieurs dizaines de milliers de collaborateurs, Martine a rendez-vous avec son DRH[1] : « J'ai été parmi les premiers recrutés par l'entreprise. Mon mari y travaille. Le premier mot que chacun de mes enfants a su écrire, c'est le nom de l'entreprise. Cette boîte, c'est toute ma vie. Je m'y suis investie à chaque instant » commence-t-elle. « Et puis l'entreprise a grandi. De numéro 3 de la boîte, je suis devenue numéro 10, puis 100, puis je ne sais plus combien, une anonyme. La place que j'y occupe aujourd'hui, elle est sûrement en rapport avec mes capacités. Mais vraiment pas avec ce lien affectif, tripal que j'ai avec elle. Et ça, c'est insupportable, à en hurler. » Martine confiera quelques minutes plus tard que l'absence de plusieurs semaines

1. Cette situation a été vécue par un des auteurs. Seul le prénom a été modifié.

dont elle rentre est la conséquence de la tentative de suicide qu'elle a faite un mois plus tôt.

L'identité d'une personne ne peut se résumer à son identité au travail. Et ce n'est pas parce que les outils de communication modernes rendent poreuse la frontière entre vie professionnelle et vie personnelle qu'il faut l'abroger. Dans son dernier ouvrage[1], la sociologue Danièle Linhart souligne que « gérer les salariés en fonction de leur seule condition humaine, c'est nier le fait qu'au travail, ils tiennent des rôles, exercent des fonctions dont ils sont les experts et qui mettent des limites à l'envahissement de leur vie personnelle ».

Il y a des limites à poser : l'entreprise doit respecter la sphère de l'intime et ne peut pas prétendre à une démarche qui dépasse une certaine borne éthique. A défaut, cette intrusion n'est pas respectueuse de la personne et de la place cantonnée qui doit être celle du travail dans son identité complète. Et la relation de travail peut basculer dans une forme de dépendance affective, avec toutes ses conséquences potentielles.

D'autant que la recherche de conformité culturelle, si elle ne connaît pas de bornes, conduit aussi à appauvrir considérablement l'entreprise. La confrontation d'identités culturelles hétérogènes est pour l'entreprise source de créativité et d'innovation. Elle lui permet de « penser en dehors du cadre », notamment en considérant des alternatives non-évidentes. Différents travaux de recherche ont souligné que l'innovation passait souvent par les profils atypiques. Tout l'enjeu pour l'entreprise est donc de veiller à ce que les éléments de sens partagés ne conduisent pas à un « clonage culturel ». Le collectif nouveau doit être ouvert et respectueux des différences. Mieux, il doit les valoriser.

APPRENDRE DES JEUNES ENTREPRISES

Pourquoi parler ici des jeunes entreprises ? Tout simplement parce qu'à leurs débuts, elles ne connaissent pas les dérives de certaines organisations traditionnelles, en particulier lorsque celles-ci ont peu à peu développé un fonctionnement de type bureaucratique.

Créées depuis peu, elles peuvent souvent être décrites à partir de trois caractéristiques : en premier lieu, un projet très présent, porté et incarné par le ou les fondateurs. Qu'il parle de son projet, de son ambition, de son rêve, de son envie, de sa vision, peu importe : les éléments de sens

1. Danièle Linhart, *La comédie humaine du travail : de la déshumanisation taylorienne à la sur-humanisation managériale*, Érès, 2015

sont souvent très présents. Dans les clubs de créateurs d'entreprise que nous accompagnons, nous invitons d'ailleurs ces entrepreneurs à les expliciter pour mieux les partager. Ce partage est naturel, dans une dynamique entrepreneuriale. C'est ici que réside la deuxième caractéristique de ces organisations, la proximité. Du fait de la taille de l'entreprise et de son effectif réduit, les échanges sont faciles. Dans cette phase pionnière qui nécessite des adaptations permanentes et des choix fréquents, ce dialogue de proximité est un passage obligé. Dernière caractéristique, et non la moindre, les modes de fonctionnement de la jeune entreprise sont informels. Ils sont construits de gré à gré par les acteurs au quotidien. Ils font l'objet de régulations entre eux basées sur beaucoup de pragmatisme et de bon sens. Tous ceux qui ont vécu les premières années d'une entreprise en gardent un souvenir fort, du fait même de ces caractéristiques.

Puis l'entreprise grandit : son activité se développe et son effectif grossit. Elle se retrouve alors inévitablement confrontée à deux enjeux. Le premier relève d'une préoccupation quasi identitaire pour le fondateur ou l'équipe initiale : comment, malgré cet effectif élargi, préserver et prolonger l'ADN initial de l'entreprise ? Comment garantir que de proche en proche les éléments de sens ne se perdent pas ? Faire intégrer les traits culturels d'une entreprise à ses nouvelles recrues quand elles ne représentent qu'un faible pourcentage de l'effectif n'est pas déjà facile. Mais quand vous doublez régulièrement la population de l'entreprise... L'autre enjeu est plus opérationnel et renvoie à la cohérence de l'activité de l'entreprise : comment éviter que les réponses apportées par l'entreprise à ses clients ou en interne ne soient trop hétérogènes ?

Dans cette phase de son développement, pour répondre à ces enjeux, l'entreprise n'a que deux chemins possibles. Le plus simple en apparence et le plus commun consiste à construire des normes, des procédures, des réponses standardisées, des « comment ». L'entreprise est désormais entrée dans une voie qui, si elle n'y prend pas garde, la conduira à se bureaucratiser.

Fort heureusement un autre choix est possible : partager largement le projet, l'ambition, et travailler sur la cohérence des actes quotidiens avec eux. Cette voie est étroite, tant il est facile pour qui est pétri de ces éléments de considérer qu'ils sont évidents, naturels, et qu'il est possible d'oublier d'y revenir quand les « comment » sont exprimés.

Les dirigeants des jeunes entreprises, start-up ou autres, que nous accompagnons dans cette phase de développement sont très attentifs à ce que la souplesse des fonctionnements, l'initiative et la créativité des premières années ne soient pas écrasées par des procédures ou des structures fonctionnelles qui seraient rendues nécessaires par le développement de leur structure.

Nous constatons dans les projets que nous menons avec ces entreprises que la présence de leurs fondateurs et l'engagement de chacun dans la phase d'expansion les conduisent à aborder leurs nouveaux enjeux à partir des éléments de sens plutôt que du comment.

Témoignage

Structurer sans scléroser : les valeurs au centre des processus RH, par Gilles Masson, Antoine Barthuel et Daniel Fohr

M&C Saatchi GAD est une agence de communication fondée en 2005 par Gilles Masson, Antoine Barthuel et Daniel Fohr, partenaires depuis plus de 15 ans, ayant dirigé ensemble Leo Burnett, Publicis Conseil et BETC. L'agence, dont le leitmotiv est « brutal simplicity », est aujourd'hui considérée comme l'une des plus innovantes sur le marché européen. Elle rassemble 110 collaborateurs.

Nous nous sommes toujours méfiés des processus. Chacun de nous trois avait décidé d'entreprendre parce que les grandes structures manquaient d'agilité et que nous voulions construire quelque chose de simple, centré sur l'intelligence et la créativité. Notre côté informel, notre organisation plastique, l'absence de certaines règles, le fait que nous fonctionnons comme un « village » avec certaines de nos filiales spécialisées : tout cela ne pousse pas au formalisme. Notre culture interne est celle de l'implicite. L'agence est une structure agile par nature, fonctionnant par projet, avec des cycles très marqués. Toutes nos énergies sont focalisées vers nos clients et non sur l'interne.

Cependant, après dix ans d'existence et une croissance rapide, nous avons ressenti quelques difficultés, dont une partie venait de notre absence de règles minimales pour que chacun s'y retrouve. Nous commencions à avoir du mal à fidéliser nos « pépites » et le turnover sur certaines fonctions clés pouvait nous poser problème : nous n'étions plus aussi attractifs pour certains jeunes diplômés car nous ne proposions pas de parcours structurés et notre marque employeur – paradoxalement pour une agence – n'était pas assez forte. Nous percevions aussi une baisse de l'engagement, sans pouvoir la mesurer pour autant.

L'entreprise grandit de façon très empirique, et nous avons décidé de faire une pause pour prendre un peu de recul et structurer notre croissance. Nous avons « ouvert les rideaux » et parlé de nos modes de fonctionnement.

Nous avons néanmoins beaucoup hésité. Fallait-il des lignes directrices ? Comment grandir sans perdre notre âme ? C'est la difficulté qui se présentait

☞

à nous, il y a 18 mois, quand nous avons finalement décidé de lancer une réflexion au sein de l'agence. Un petit groupe de collaborateurs, attachés à l'entreprise, nous a fait part de ses besoins d'y voir plus clair, notamment sur les questions centrales du développement de leurs compétences, de leurs parcours au sein de l'agence et des modalités de la rémunération. Nous avons alors décidé de les responsabiliser et de les réunir autour d'un des associés et d'Identité RH pour qu'ils imaginent ce que devait être notre approche ressources humaines.

Nous n'avions aucun tabou. Tous les sujets ont été abordés : notre culture, nos valeurs, l'engagement, les modes de management, la gestion de la performance, le staffing des équipes sur les projets, la rémunération, la manière de recruter, etc. Il s'agissait pour nous de réaliser le diagnostic le plus large possible, en mobilisant cette équipe, puis de lancer directement les actions préconisées, y compris en testant et en ajustant chemin faisant.

En une dizaine de séquences de quatre heures, nous avons repensé notre relation aux collaborateurs. Ce n'est pas seulement au responsable RH de travailler sur ces sujets. Nous ne voulons pas être ceux qui parlent ressources humaines, mais ceux qui les développeront effectivement.

Le groupe de travail a commencé par identifier les compétences transverses qui fondent la culture du groupe, puis les a testées au travers d'une enquête à laquelle tous les salariés ont répondu. Ces six compétences pourraient presque être considérées comme des valeurs, elles nous ressemblent et nous voulons les maintenir : agilité, attitude positive, curiosité, prise d'initiative, partage du savoir et des compétences, esprit d'entreprise.

Nous avons décrit les comportements qui illustrent chacune de ces compétences. Ils sont devenus l'un des deux axes, en plus de l'atteinte des objectifs, sur lesquels est basée notre revue des talents. Cette approche structure tout notre dispositif de management à présent. Les compétences transverses sont testées en recrutement et incorporées à l'auto-évaluation. Elles sont présentes dans le rapport d'étonnement que chaque nouvel embauché prépare à l'aide d'un guide avant la fin de sa période d'essai.

Nous n'avions pas de processus d'appréciation, ni de revue du personnel, ni de guide pour les jeunes embauchés. Nous en disposons désormais. Mais pas question de les concevoir comme des instruments du taylorisme. Ce sont des choses simples, nous avons choisi le strict nécessaire, ce qui nous permettait de répondre aux attentes des collaborateurs sans jamais créer de dispositif complexe. Aucun processus n'est copié-collé d'une autre entreprise. Nous sommes des créatifs, et nos nouveaux outils ont été imaginés en épousant la culture de l'agence, avec leur dose d'originalité.

☞

Ainsi la people review se déroule en amont de l'appréciation managériale pour que les managers partagent les référentiels d'évaluation et que le regard porté par le n+1 soit enrichi du point de vue des autres. Nos processus RH ne sont pas normatifs, ils sont surtout porteurs de sens.

Mais il faut bien avouer que nous avons quand même du mal avec cette question du management. C'est notre côté rebelle. Notre volonté est de responsabiliser au maximum nos collaborateurs qui sont adultes et qui ont une courbe d'apprentissage rapide. A un moment, nous avions même affiché « no middle management » sur nos plaquettes de présentation de l'agence, considérant que c'était souvent le ventre mou des entreprises. Aujourd'hui, le manager chez Saatchi GAD est plutôt un facilitateur qu'un hiérarchique. Il accompagne, il développe son équipe. Tous les trois également, nous assumons mieux cette responsabilité de management, en nous positionnant comme des ressources pour les équipes, ce qui nous évite aussi de passer pour des gourous.

Notre expérience nous a montré que l'absence de règles de fonctionnement peut déconcerter les collaborateurs, notamment les plus jeunes, y compris dans un environnement agile. Il faut éviter de scléroser une organisation en mettant en place des processus dans tous les sens. Si quelques règles sont formalisées en plein accord avec les valeurs, le risque est faible et les bénéfices importants.

LES PRINCIPES D'ACTION

Dans les principes d'action à retenir pour mener une démarche de libération d'une entreprise, il existe un préalable. Toute méthodologie en la matière doit être en cohérence avec les principes de libération de l'entreprise et donc faire une place centrale au pragmatisme, à l'essai-erreur, à l'identification concertée des problèmes. C'est ainsi que l'apprentissage de la transformation se fera, que des réflexes se développeront et que les comportements évolueront. Il n'y a pas de mode opératoire unique, mais autant de démarches que d'entreprises. Le prêt-à-porter n'est pas de mise, seul le sur-mesure est pertinent.

Deuxième principe à retenir : plus que de se libérer, il s'agit pour l'entreprise d'entrer dans une démarche de transformation humaine et organisationnelle. Tout simplement parce que pour être menée à bien, cette mue profonde nécessite du temps, avec des étapes, des avancées, de la persévérance et, surtout, une maturation progressive. « *C'est cela qu'être adulte signifie : savoir assumer une responsabilité* » écrit H. G. Wells. Or il faut du temps pour devenir adulte.

Troisième principe, tout aussi pragmatique, l'approche suppose une analyse effective des enjeux de pouvoir, des rapports de force et des intérêts contradictoires qui existent dans l'entreprise. Ce n'est pas en les occultant ou en les niant qu'ils disparaîtront pour autant. Ils doivent être explicités pour pouvoir ensuite être mis au service de l'intérêt collectif. En arrière-plan de cet impératif, une conviction : entre des acteurs dont les intérêts peuvent être contradictoires, il y a des compromis à trouver sous réserve d'expliciter les conditions de réussite et contraintes que chacun intègre.

Quatrième principe, sans doute le plus important, l'entreprise doit adopter une démarche de conduite du changement cohérente avec les logiques de libération. Notre culture, plus particulièrement en France, reste celle du changement descendant, sur la base de décisions unilatérales, avec une logique de « push ». Comment ne pas voir que cette approche débouche sur des décisions inadaptées par rapport aux situations de la vie réelle ? Comment s'étonner qu'il y ait des « résistances » quand il ne reste plus à ceux qui auront à faire vivre ces transformations qu'à s'exécuter ? Comment être surpris de l'échec de ces approches ? Même certaines démarches qui s'affichent participatives ou collaboratives ne sont que des faux-nez pour donner l'illusion de fonctionnements différents. Là aussi, Taylor a de beaux restes. « Faire pour les gens sans les gens, c'est faire contre les gens. » dit un proverbe Touareg.

Une autre façon de procéder consiste à partir des aspirations identifiées : où les intéressés « ont-ils faim » ? Où ont-ils un caillou dans la chaussure ? À quoi aspirent-ils ? Dès ce stade, l'écoute est centrale. « Si l'on accepte l'idée simple qu'on ne peut changer les rapports humains par les ordres ou par les règles, ou même par un effort d'enthousiasme persuasif, la connaissance concrète des réalités vécues par les acteurs opérationnels devient indispensable » écrivait Michel Crozier[1]. « Ce que les membres d'une organisation recherchent, ce n'est pas un défoulement. Ils ne demandent pas l'oreille d'un psychanalyste. S'ils veulent être écoutés, c'est parce qu'ils croient avoir quelque chose de rationnel et d'important à dire. Ce qu'ils demandent, parfois désespérément, c'est qu'on tienne compte de ce qu'ils vivent personnellement, c'est-à-dire de ce qui constitue leur rationalité à la place qui est la leur. » Dans le prolongement de ces éléments, deux clés sont essentielles pour bien comprendre ce dont nous parlons ici :

1. Michel Crozier, *L'entreprise à l'écoute*, InterÉditions, 1989.

d'une part, il s'agit d'écouter et de prendre en compte la personne, mais aussi ce qu'elle exprime, les contenus. D'autre part cette écoute vise à comprendre, pas à répondre.

Puisque la réponse, une fois posé un cadre de réflexion construit dans le dialogue entre dirigeants et actionnaires, devra être élaborée par l'ensemble des acteurs. Ceux-ci auront à définir la cible, puis à décider quelle est la meilleure voie pour l'atteindre. Sur certains thèmes, l'entreprise aura un vrai bénéfice à associer également des clients à cette démarche. C'est cette démarche de co-construction qui permettra de disposer des contenus les plus pertinents, enrichis qu'ils auront été de la connaissance de terrain, mais aussi de développer leur appropriation par l'ensemble de ces acteurs.

Inventeur du concept de « drive » il y a dix ans, Chronodrive a voulu réinventer son modèle en construisant avec l'ensemble de ses collaborateurs sa Vision 2025. Un premier travail est réalisé avec l'équipe de direction pour poser quelques incontournables. Puis 14 questions ont été formalisées pour recueillir la contribution de chaque collaborateur. Durant trois mois, chaque mardi à 10 heures, une de ces questions a été envoyée sur les smartphones des 3 000 salariés, avec quelques minutes pour répondre en direct. C'est l'ensemble de la matière brute ainsi recueillie qui a été utilisée pour produire la Vision 2025. Le niveau de mobilisation constaté durant cette phase de production a surpris l'entreprise, avec des contributions de grande qualité. La présentation de la Vision 2025 à tous lors de la convention des dix ans a renforcé cette dynamique. Elle constitue désormais le Projet mobilisateur porté par tous dans l'entreprise. Cet exemple illustre la possibilité de mobiliser les nouvelles technologies accessibles à tous au service de la transformation.

Le second temps d'une approche de ce type consiste à ancrer les progrès, en réalisant des points d'étape dans une logique d'amélioration continue, en valorisant les progrès et en apprenant des échecs via des retours d'expérience.

Une telle démarche est à l'opposé d'une forme de confort qui existe dans l'ancien monde. Elle est anti-culturelle dans certaines organisations. La mettre en œuvre suppose des animateurs qui seront les garants de son respect. Pour ceux qui accompagnent cette démarche, il est essentiel d'adopter une approche qui ne soit pas seulement de type maïeutique, mais de réelle émergence d'un diagnostic partagé et de solutions portées par tous. Tout en veillant à alimenter la réflexion des acteurs, par exemple avec des réalisations extérieures. Dans certaines entreprises, la fonction RH a développé une véritable expertise dans ce domaine. Dans d'autres cas, un accompagnement extérieur est utile. Dans les deux cas, il s'agit bien de création de valeur !

En synthèse, s'appuyer sur l'intelligence collective, ce n'est plus « vendre la solution », mais partager le problème et co-construire la solution. Avec cette approche, l'entreprise ira plus loin que ce que proposent les promoteurs de l'entreprise libérée, en considérant que l'homme est capable de se transformer individuellement et collectivement autrement qu'avec un leader libérateur.

Les bases d'une telle démarche ont été définies, les notions clés identifiées, les principes d'action définis. Il nous reste maintenant, dans la quatrième et dernière partie de cet ouvrage, à poser des éléments pour aider l'entreprise à mettre en œuvre concrètement une démarche de transformation de son management des hommes et des organisations.

4

LA MISE EN ŒUVRE : QUELS LEVIERS ACTIONNER ?

L'affirmation « *Vision without execution is just hallucination* » est attribuée selon les sources à Edison ou à Ford. Nike l'a résumé en un slogan : « *Just do it* ». C'est la question du caractère effectif de la transformation, sur la base des convictions forgées plus haut, qui se pose à ce stade.

Nos interventions au sein des entreprises nous confortent chaque jour dans une conviction forte : seul compte le changement tel qu'il est effectivement vécu par les collaborateurs. Cette dernière partie se veut donc très concrète : dans votre entreprise, quels sont les enjeux à traiter, les pratiques à travailler, les pistes à explorer pour engager une démarche de transformation du management des hommes et des organisations ?

En arriver à se poser cette question suppose deux prérequis. Le premier est de partager le diagnostic posé ici sur l'ancien système : un monde se meurt. Celui dans lequel l'entreprise tente d'imposer ses réponses à ses clients, sans intégrer les transformations de l'environnement dans lequel elle intervient. Celui construit sur le travail prescrit tel que promu par Taylor. Celui qui ne prend pas en compte les aspirations fortes émergeant en cette première partie du XXIe siècle. Celui, enfin, qui n'intègre pas toutes les conséquences de la révolution digitale. La tension est déjà très forte entre la réalité de certaines entreprises et ces transformations qui s'imposent à elle.

Le second prérequis est de ressentir la nécessité de transformer son entité, quelle qu'en soit la raison. Il peut s'agir de répondre à un enjeu de performance, avec par exemple des résultats insuffisants qui amèneraient à vouloir repenser les règles du jeu. En premier lieu quand la situation économique de l'entreprise est critique. Ce mouvement peut aussi être engagé pour traiter une situation sociale bloquée, marquée par des tensions et du désengagement. Dans les deux cas, la nécessité de « renverser la table » peut amener à explorer des voies radicalement nouvelles.

D'autres considèrent que « c'est quand il fait beau qu'il faut réparer le toit ». Soit que leur réflexion, basée sur des lectures ou des témoignages, les ait sensibilisés à la valeur ajoutée d'une telle démarche. Soit que leur aspiration à la modernité les pousse à vouloir revisiter en profondeur les pratiques existantes. Parfois, c'est aussi une recherche de visibilité et d'image pour l'entreprise qui l'amène à se transformer, puis à communiquer sur ses réalisations.

Enfin, et cette motivation est loin d'être négligeable, ce sont parfois les convictions humanistes de différents acteurs de l'entreprise, en premier lieu ses dirigeants, qui constituent le moteur de la transformation.

La démarche que nous mettons en œuvre dans les organisations que nous accompagnons et qui est développée ci-dessous ne peut en aucun cas prendre la forme d'une méthodologie unique structurée en étapes successives. Ce serait par nature contradictoire avec la logique même de libération, à construire dans l'entreprise avec l'ensemble des acteurs. Ce serait également à l'opposé de la logique de contingence développée plus haut, qui impose à chaque organisation de définir les réponses qui lui sont adaptées, de façon *ad hoc*, avec une approche construite sur mesure.

C'est pourquoi nous avons fait ici le choix d'une démarche détaillée par grands enjeux plutôt que par étapes. Notre objectif est de présenter non pas une recette, mais des « tours de main », dont l'entreprise pourra se saisir et qu'elle fera siens en définissant son approche spécifique.

Ces grands enjeux n'ont rien de surprenant au vu des éléments déjà recensés dans cet ouvrage : sens, stratégie, responsabilité, structures, régulation, politiques RH, managers, fonctionnels et dirigeants.

Pour chacun des neuf thèmes identifiés, nous reviendrons en quelques phrases sur ce qu'il faut impérativement déconstruire de l'ancien monde. Puis nous définirons la cible à atteindre dans ce domaine. Enfin, nous traiterons plusieurs questions que peut se poser l'entreprise pour définir la façon dont elle s'y prend : où est-ce qu'elle en est en la matière ? Quels seraient les gains d'une telle transformation ? Quels acteurs mobiliser et quelle démarche de mise en mouvement adopter ?

DÉFINIR ET ANIMER DES ÉLÉMENTS DE SENS, BOUSSOLE ET SOURCE D'ENGAGEMENT

Nous l'avons vu : il n'est plus possible de gérer les hommes par la norme et le contrôle, avec des objectifs uniquement économiques faute d'ambition et de projet partagé. D'autant que l'absence de sens renforce la distanciation vis-à-vis de l'entreprise : « Mon père s'est fait virer du jour au lendemain. Ma mère se fait pourrir au quotidien. Je n'ai accès au mieux qu'à des missions d'intérim ou des CDD à répétition. Et vous me parlez d'avoir confiance en l'entreprise ? » nous exprimait récemment un jeune collaborateur chez un de nos clients.

A contrario, des entreprises explicitent des éléments de sens qui sont partagés par l'ensemble des acteurs, générant un engagement fort au quotidien et servant de boussole pour que chacun puisse orienter son activité au quotidien.

Les bénéfices d'une telle approche sont importants : elle permet de construire une base à partir de laquelle chacun pourra décider en situation, ce qui bénéficiera en premier lieu au client. Elle introduit de la cohérence entre les décisions des différents acteurs de l'entreprise et renforce la cohésion du corps social. L'entreprise passe donc d'une culture introvertie centrée sur des intérêts divergents à une culture extravertie centrée sur l'utilité partagée. Travailler sur cet enjeu permet également de développer l'engagement, et donc la performance qui en résulte. Le partage de ces éléments permet également de renforcer le lien social.

En amont, il s'agit de comprendre où en est l'entreprise. Ce qui suppose une analyse de sa culture, avec ses points forts et ses limites, notamment sous l'angle des notions clés nécessaires à sa transformation : place de l'homme, confiance, éthique, équité, rapport au client, etc. Seule une écoute approfondie permet de recenser les faits permettant de caractériser la culture et de ne pas en rester à une approche simpliste. L'analyse de la culture d'un grand groupe de distribution que nous avons menée a mobilisé sous des formes diverses plusieurs centaines de collaborateurs. Elle a permis d'identifier les vingt caractéristiques majeures de cette culture, appuyée sur des éléments factuels. Elle a été complétée d'une analyse des causes et des conséquences de chacune de ces caractéristiques. Ce qui a permis de développer une lucidité forte du corps social sur ces éléments, fondation des transformations ultérieures.

Que ce soit sur ce diagnostic de l'existant ou sur la définition des transformations à mener, la démarche ne peut être conduite par les seuls dirigeants de l'entreprise, mais doit mobiliser l'ensemble des acteurs.

Ce dont il va s'agir, c'est de passer d'une culture implicite et subie à une culture projetée qui sera construite en l'explicitant. Une autre clé pour réussir cette mutation est de se focaliser non seulement sur les grands axes de transformation culturelle, mais aussi sur leurs traductions concrètes.

Plusieurs voies sont possibles. Une démarche complète tout d'abord, en construisant une vision à dix ans comme nous l'avons fait pour Chronodrive dans l'exemple déjà cité : l'entreprise définie collectivement sa mission, ses valeurs et son ambition. Elle peut aussi formaliser une « proposition de valeur collaborateur » en la concevant pour qu'elle soit alignée sur sa proposition de valeur client, comme fait chez Saatchi GAD. L'entreprise peut aussi mener ce type de transformation en se centrant sur un axe. Nous avons ainsi aidé une entreprise comme United Biscuits France à développer radicalement en quelques mois une culture client qui a bouleversé ses relations internes et externes.

A posteriori, l'entreprise devra être vigilante sur un point : la culture projetée et les éléments de sens qui ont été produits sont-ils vraiment vécus au quotidien ? D'autant que, comme Michel Crozier l'écrivait : « La transformation d'une culture d'entreprise et du système de rapports humains qui la sous-tend demande beaucoup de continuité et de persévérance.[1] »

Témoignage

Les valeurs comme manager invisible, par Yann Trichard

Yann Trichard est Directeur Général de SYD Conseil, société spécialisée dans la stratégie digitale et la mise en œuvre de systèmes d'information. Fondée en 1999, l'entreprise s'est développée dans les secteurs de la banque et des assurances, puis s'est étendue dans les domaines de l'industrie et des services. Elle rassemble aujourd'hui une centaine de collaborateurs.

L'objectif de l'entreprise est d'abord sa pérennité, son ancrage dans le territoire, sa capacité à créer des emplois. À sa création, notre première préoccupation, notre obsession même, a été le bien-être de nos collaborateurs. Notre projet d'entreprise ne dissocie pas l'économique du social et du sociétal. En tant que chef d'entreprise, en arrivant le matin dans les bureaux, je voulais des collaborateurs heureux d'être là, souriants, qui prennent plaisir à ce qu'ils font.

Nous avons donc créé l'environnement le plus agréable possible : une absence de hiérarchie formelle, un tutoiement de rigueur, des bureaux ouverts et de grandes tables pour échanger facilement, les meilleures conditions de travail possibles pour nos consultants nomades.

Il y a environ cinq ans, nous avons voulu passer à la vitesse supérieure en termes de créativité et d'initiative individuelle, en donnant à chacun plus d'autonomie pour réaliser sa mission. Cette autonomisation passe d'abord par de nombreux renoncements. En tant que dirigeant, j'ai appris à ne plus décider seul de tout. Or décider c'est a priori naturel pour un patron. Il devient très rapidement l'entonnoir de tous les processus de l'entreprise qui peut perdre en réactivité et donc en ☞

1. Michel Crozier, *L'entreprise à l'écoute*, InterÉditions, 1989.

☞

performance. L'autonomie est aussi difficile parce qu'elle est contradictoire avec le contrat de travail, dans lequel est inscrit le lien de subordination, et avec les logiques scolaires qui nous ont conditionnés à obéir.

Pour rompre avec cela, nous avons mis en place un socle de valeurs, que nous avons définies ensemble : intégrité, respect et solidarité. Elles ont pour nous un statut très élevé, ce sont presque des valeurs morales. Elles sont faciles à intérioriser et constituent le fil rouge des actions de tous. En étant aussi exigeant sur les valeurs, le besoin de managers se fait moins ressentir car nous passons progressivement de la hiérarchie au respect. Ces valeurs nous guident sur tout, chaque collaborateur peut se dire, pour chaque décision à prendre : « si cela ça rentre dans nos valeurs, alors je le fais ».

L'intégrité, par exemple, m'impose de dire que j'ai commis une erreur plutôt que de la cacher. Cela m'impose aussi de dire ce que je pense, de comprendre les contraintes des uns et des autres. Le respect, c'est aussi le droit à l'erreur. Lorsqu'un collaborateur culpabilise du fait d'une erreur, lui dire : « Et alors, ce n'est pas grave, cela prouve que tu as pris des risques ; tu as appris quelque chose et la prochaine fois tu feras mieux ».

La solidarité, c'est ne pas accepter des phrases comme : « Ce n'est pas dans ma fonction. Donc je ne fais pas. » Nous partons du postulat que la personne en charge d'un sujet est la mieux placée pour prendre les solutions pertinentes. « Tu penses que je peux faire cette commande ? » est donc typiquement une phrase que nous ne voulons pas entendre. Nous ne gérons pas de budget, j'ai interdit les processus, ou plutôt – comme je ne peux pas interdire – je me suis mis à les questionner systématiquement. Les seuls processus chez SYD Conseil sont ceux imposés par la loi ou par les clients.

Pour les collaborateurs, au début, il est difficile de se familiariser avec cette autonomie. Les nouveaux embauchés essaient d'abord de se trouver un chef. Ils se tournent spontanément vers quelqu'un : « Qu'est ce que je dois faire ? », « Comment est-ce que je m'y prends ? ». Comme nous ne leur donnons jamais de délais, ils nous demandent : « De combien de temps est-ce que je dispose ? » Nous leur reposons alors la question à l'identique et ils finissent par trouver une réponse.

Le modèle peut sembler un peu dur puisque nous donnons une mission à un collaborateur en le laissant se débrouiller. La pression n'est donc pas moins importante qu'avant. Par le passé, les collaborateurs me demandaient systématiquement mon avis quand ils devaient, par exemple, changer un serveur. Maintenant je ne suis même plus au courant. Je vois arriver des machines de plusieurs dizaines de milliers d'euros sans en entendre parler au préalable.

☞

Les nouveaux collaborateurs n'ont pas toujours les compétences ou les connaissances nécessaires pour prendre les bonnes décisions, mais ils apprennent chez nous à se tourner vers leurs collègues pour demander de l'aide. Nous investissons massivement en formation avec l'équivalent de 10 % de la masse salariale et nous n'en refusons quasiment aucune. Si un collaborateur se sent démuni face à un sujet technique, il lui suffit de demander. Il arrive même que nous le laissions volontairement se tromper, parce que nous savons que ce sera pour lui un excellent moyen d'apprendre et de se développer.

L'autonomisation des collaborateurs, ce n'est pas le chaos où chacun fait ce qu'il veut. Il y a quelques rôles de coordination néanmoins, mais ils ne sont pas attribués. Ils émergent parce que le besoin s'en fait sentir. C'est le plus expert ou le plus ouvert aux autres, celui qui apporte souvent de bonnes réponses qui finira par être élu pour réaliser ce type de mission.

Renvoyer chacun à ses responsabilités. Lui donner carte blanche sur les décisions. Utiliser nos valeurs comme un fil rouge. Ce dispositif n'aurait aucun sens si nous oubliions celui qui est au cœur de notre activité, qui oriente nos objectifs et notre performance, qui détermine bon nombre de nos repères et nos limites : le client.

FORMALISER UNE STRATÉGIE CONSTRUITE ET PORTÉE PAR TOUS

Quel est le niveau de compréhension et d'appropriation de la stratégie par l'ensemble des acteurs qui ont à la faire vivre ? Nombreuses sont aujourd'hui les entreprises dans lesquelles il est faible, voire nul. Soit parce que cette stratégie est inexistante, soit parce qu'elle est connue et maîtrisée des seuls dirigeants.

Dans notre société contemporaine, l'environnement de l'entreprise lui impose pourtant de s'appuyer sur une stratégie portée et déployée par tous, avec un système organisationnel aligné sur les éléments de cette stratégie : proposition de valeur client, business model et axes de développement. Cette destination partagée permettra en premier lieu de renforcer la convergence des différents acteurs internes. Elle renforcera aussi la cohérence de leurs actions respectives. Elle générera enfin mobilisation et engagement.

Comprendre où en est l'entreprise sur ce terrain suppose là aussi d'écouter les collaborateurs, avec une démarche structurée de type « audit du niveau d'intégration de la stratégie », comme celui commandé par ce grand groupe industriel. Notre écoute d'un panel de collaborateurs s'est appuyée sur deux questions : « Selon vous, quel est le contenu de la stratégie de l'entreprise ? » Puis : « Quels sont les éléments de cette stratégie qui guident votre action au quotidien et quel est leur impact concret ? » Le résultat de cette enquête a provoqué un choc, tant la connaissance de la stratégie par les collaborateurs était parcellaire, malgré les efforts de communication déployés dans la période précédente.

Pour ce qui est de l'élaboration du nouveau projet stratégique, la plupart des éléments doivent être construits avec les collaborateurs : ce sont eux qui sont au contact des clients, sur le terrain et qui connaissent les opportunités. Seuls doivent être conçus en amont par les dirigeants avec les représentants des actionnaires quelques éléments qui renvoient au positionnement stratégique de l'entreprise sur ses marchés. En veillant bien sûr ensuite à les expliquer et à les « vendre » aux collaborateurs de l'entreprise.

Pour ce qui est de la construction par l'ensemble du corps social du projet stratégique de l'entreprise, les démarches que nous accompagnons sur ce thème sont structurées en trois temps. Le point de départ est centré sur le partage et la diffusion des informations disponibles. Il s'agit d'une part de capitaliser sur la connaissance par chacun du secteur d'activité, des clients et du business de l'entreprise, d'autre part d'intégrer les apports d'experts. Ces derniers éléments ne sont positionnés que comme des éclairages, sur la base desquels le corps social décidera. Dans une deuxième phase, les différentes équipes et entités produisent des réponses. La structuration de cette étape de production est essentielle : le choix des questions posées, le séquencement entre temps de production par les équipes, travaux de synthèse et restitutions intermédiaires, ainsi que l'animation de la démarche conditionnent la qualité des contenus et l'appropriation. Dans la plupart des entreprises, cette animation est assurée par les managers qui doivent alors veiller à conserver une posture de facilitation, sans que leur position ou leur avis ne viennent limiter les contenus produits. Mais elle peut aussi être prise en charge par d'autres collaborateurs volontaires et formés à la démarche. La troisième phase, celle du partage du projet stratégique qui aura été produit, est primordiale, puisqu'elle conditionne la mobilisation ultérieure de chacun des collaborateurs dans le déploiement et la mise en œuvre effective. Par la suite, une animation régulière devra permettre de maintenir la dynamique ainsi créée et de faire évoluer dans le temps ce projet stratégique.

ASSURER LA MONTÉE EN RESPONSABILITÉ ET EN COMPÉTENCE

L'entreprise est confrontée à un impératif : dépasser une réalité dans laquelle de nombreuses réactions et décisions sont inadaptées puisque l'acteur en situation n'a pas les marges de manœuvre nécessaires et qu'il ne maîtrise souvent pas les compétences utiles pour décider de façon pertinente.

La réponse est de mettre en œuvre le principe de subsidiarité, l'entreprise étant composée d'individus responsables qui vont mobiliser au quotidien tout le potentiel ouvert par la liberté et l'autonomie qui sont les leurs, au service du projet collectif. Ce qui suppose que cette responsabilité soit comprise (enjeu d'information), acceptée (enjeu d'adhésion), maîtrisée (enjeu de compétence) et encouragée (enjeu d'incitation). Il s'agit d'entrer dans un monde d'adultes, dans lequel chaque collaborateur peut dire : « J'ai l'avenir de l'entreprise en partie entre mes mains. »

Pour savoir d'où elle part, l'entreprise peut réaliser un audit de ses modes de fonctionnement effectifs, tel que celui mené pour l'Agefiph : quelles sont les situations auxquelles les collaborateurs sont confrontés ? Quelles sont les réponses qu'ils y apportent aujourd'hui ? Quelles sont celles qu'ils aimeraient y apporter ? La démarche peut être enrichie en analysant ce qu'est le vécu effectif des clients, comme avec la démarche de type « client mystère » que nous avons déployée dans plusieurs magasins d'un de nos clients pour évaluer la capacité effective de décision de ses vendeurs face à différentes situations.

Le premier à bénéficier de cette montée en responsabilité et en compétence sera bien sûr le client qui recevra des réponses mieux adaptées à son besoin. L'entreprise pourra quant à elle s'appuyer sur les initiatives pour améliorer ses pratiques et identifier de nouvelles opportunités de business. Sans compter l'épanouissement des collaborateurs au travail généré par ces nouveaux modes de fonctionnement.

Les managers ont un rôle crucial dans cette transformation. Pour ne prendre que quelques exemples dans des référentiels de management que nous avons contribué à construire, le manager d'Europcar « responsabilise ses collaborateurs dans la prise de décision. » Celui de Cyrillus-Vertbaudet « encourage l'initiative et la prise de risque. » Chez Eurovia, il « valorise et reconnaît les comportements entrepreneuriaux de ses collaborateurs. » Les salariés qui souffrent au quotidien de fonctionnements incapacitants de l'organisation seront bien sûr des alliés.

Une des voies que nous adoptons régulièrement pour enclencher cette dynamique consiste à mettre en place et à animer des ateliers en posant une question : « Face à telle situation, si vous aviez toutes marges de manœuvre, comment vous-y prendriez-vous ? » et en laissant les collaborateurs construire 100 % des réponses. Ce qui suppose que l'entreprise joue le jeu et soit prête à se remettre en cause. Un chantier de ce type avait été initié il y a quelques années par une grande entreprise publique de transport sur le développement de la culture clients de ses vendeurs. À la question : « Vous avez choisi ce métier parce que c'est un métier de contact où vous pouvez rendre service. Que faudrait-il faire pour que vous puissiez le faire mieux ? », les suggestions avaient fusé. Mais certaines remettaient en cause des éléments de la politique commerciale de l'entreprise peu favorables au client, ce qui a entraîné l'arrêt brutal du projet.

La réussite de cette transformation d'envergure suppose également de valoriser et de diffuser les initiatives. Elle nécessite par ailleurs de travailler la « montée en responsabilité » comme un objet en tant que tel : cibles intermédiaires, accompagnement mis en place, outils déployés, etc.

La logique « description de fonction » est alors remplacée par une logique « chemin de montée en compétence ». Une intervention pour une structure de Private Equity nous a amenés, plutôt que de construire des fiches de poste au caractère limitant comme l'envisageait initialement cette entreprise, à mettre à la disposition des collaborateurs des éléments sur les compétences à acquérir pour évoluer de façon fluide du métier de chargé d'affaires à celui de responsable d'investissements, puis à celui de responsable de pôle.

Au cœur de cette montée en responsabilité, le dispositif d'accompagnement de la montée en compétence des collaborateurs est essentiel. L'entreprise ne peut plus se limiter aux modalités de développement descendantes : la formation sous sa forme traditionnelle est de plus en plus inadaptée et le quotidien doit devenir la principale modalité de développement des compétences, par exemple en œuvrant dans quatre directions. Tout d'abord organiser les activités et leur répartition de manière à ce que la pratique du métier soit elle-même apprenante. Ensuite travailler les capacités du manager à développer les compétences de ses collaborateurs via son accompagnement régulier. Puis promouvoir et organiser des logiques de co-développement : groupes de pairs, binômes, etc. qui alimenteront une dynamique de développement collectif. Enfin, construire des moments dédiés à l'apprentissage qui privilégient les mises en situation sur des cas de la vie réelle, sous la forme d'ateliers, avec beaucoup plus d'impact que les apports descendants. Plusieurs caisses régionales du Crédit Agricole ont œuvré avec nous ces trois dernières années au développement des compétences de leur réseau commercial au travers de modalités de ce type, avec deux objectifs : développer les comportements entrepreneuriaux et renforcer l'orientation client. Leurs résultats économiques ont pleinement validé la pertinence de l'approche.

Libérer l'initiative et la responsabilité passe également par une libération du temps de travail et de ses horaires imposés. L'entreprise et le collaborateur doivent s'affranchir de dispositifs horaires qui relèvent eux-aussi de l'héritage taylorien. Mais cet impératif appelle immédiatement une précaution : l'entreprise doit accompagner ses collaborateurs pour que cette nouvelle approche du temps de travail ne se traduise pas par un surinvestissement, avec une pression qui serait directement exercée par l'entreprise ou intériorisée par l'intéressé.

METTRE EN PLACE DES STRUCTURES FACILITANTES

Il s'agit pour l'entreprise de dépasser les modèles décrits plus haut comme autant de « maladies » qui viennent obérer son développement et celui de ses collaborateurs.

Nous chercherons moins ici à décrire l'organisation idéale qu'à comprendre comment l'entreprise peut être structurée pour libérer tout le potentiel qu'elle recèle. Plusieurs caractéristiques se dégagent des entités qui ont réussi cette transformation. La structure mise en place est tout d'abord entièrement orientée vers le monde extérieur, son environnement, ses clients comme les acteurs de son écosystème. Par ailleurs, elle est simple et lisible par tous, en interne comme en externe. Chaque grande responsabilité sur un des enjeux majeurs auxquels l'entreprise doit faire face est assurée par une entité opérationnelle qui dispose d'une autonomie forte. Les articulations entre ces entités ont été pensées par les équipes. Enfin, le champ de responsabilité de chaque collaborateur, que l'entreprise parle de fonctions ou de rôles, a été posé de manière à ce que son exercice soit apprenant pour celui qui l'exerce.

En partant de ces quelques principes, toute entreprise peut mettre en place la structure qui lui permettra de libérer l'initiative et le potentiel d'innovation de ses collaborateurs, d'apporter au quotidien des réponses adaptées aux demandes auxquelles elle est confrontée et en particulier aux besoins de ses clients, et de renforcer l'engagement de tous ceux qui la composent.

L'analyse des structures dont l'entreprise a héritée et des activités qu'elle porte est souvent délicate : elles sont toujours beaucoup plus complexes que ne le laisseraient penser les documents formels que sont les organigrammes, processus qualité et descriptions de fonction. La seule voie pour appréhender ce qu'elles sont réellement est d'associer à leur conception ceux qui les font vivre au quotidien.

Nous avons accompagné ce travail d'analyse détaillée des activités d'un site industriel qui allait supprimer 20 % de ses effectifs. Malgré cette donnée, l'exercice a été mené avec une participation effective de la très grande majorité des collaborateurs. Cela n'a été possible que parce que quatre conditions étaient réunies : tous étaient conscients du risque de disparition du site ; la direction avait dès le départ été transparente sur les suites qui seraient données à cet exercice ; elle avait pris des engagements sur les mesures sociales qui seraient mises en œuvre ; des investissements significatifs allaient être réalisés en parallèle pour concourir à l'avenir du site. Pour autant et fort heureusement, ce type d'exercice peut bien sûr être réalisé dans d'autres circonstances, lorsque la situation économique de l'entreprise à court terme ne le lui impose pas.

La démarche de formalisation de l'organisation cible, à partir des caractéristiques développées plus haut, ne peut se faire qu'avec les intéressés, en écoutant et en respectant ce qu'ils expriment et préconisent. Une fois de plus, ce sont eux qui connaissent la réalité du travail que l'entreprise doit réaliser.

Elle doit être menée avec une double approche, macro et micro. L'approche macro consiste à poser la structure d'ensemble. Cette opération de reengineering de l'organisation, même si le terme n'est plus en vogue et reste associé dans l'esprit de beaucoup à des baisses d'effectifs, doit être centrée sur la relation de l'entreprise à son environnement. Nous avons mené un projet de ce type pour la Banque des États d'Afrique Centrale, qui est à cette zone de six pays ce que la Banque Centrale Européenne est à l'Union européenne. C'est en partant des missions que cette institution doit assurer qu'il a été possible de formaliser une structure d'ensemble qui soit à la fois cohérente et efficace.

L'approche micro concerne quant à elle les entités de base et les activités qu'elles assurent. C'est une approche itérative, alternant des séquences de production de chacune des entités et un partage entre les équipes des modes de fonctionnement envisagés par chacune, qui nous a permis de mettre en place des équipes autonomes pour un équipementier automobile.

Témoignage

Le collaborateur entrepreneur, par Thibaud Brière

Thibaud Brière est « philosophe de l'organisation » au sein du groupe Hervé, une entreprise familiale créée il y a plus de quarante ans. Elle est spécialisée dans la conception, l'installation et la maintenance de systèmes et technologies utilisés dans le bâtiment et réalise un chiffre d'affaires de 485 millions d'euros, en France et à l'étranger. Son créateur, Michel Hervé, est aujourd'hui Président du Conseil de surveillance et concentre son activité sur la mise en œuvre de sa « philosophie d'entreprise ». Le groupe est dirigé opérationnellement par Emmanuel Hervé, Président du Directoire.

Le modèle d'organisation de notre groupe vise un seul objectif : faire de chaque collaborateur un intra-entrepreneur, c'est-à-dire un entrepreneur intégrant dans ses décisions celles du collectif auquel il appartient. La notion d'intra-entrepreneuriat est propre au groupe Hervé. Elle se distingue de l'intrapreneuriat, en tant que systématisation poussée à l'extrême de la logique entrepreneuriale à toute l'organisation et à chaque collaborateur.

Pour ce faire, l'entreprise est structurée de manière « fractale », avec une forme invariante à tous les niveaux. L'unité de base est constituée par une équipe autonome d'une quinzaine de personnes. Les équipes sont ensuite regroupées en territoires, à raison d'une quinzaine d'équipes par territoire. Enfin, la quinzaine de territoires constitue l'ensemble du groupe. Nous avons là toute la structure de l'entreprise : trois niveaux hiérarchiques, très peu de fonctions support et 2 800 salariés.

L'équipe de quinze personnes constitue donc notre cellule fondamentale. Michel Hervé a en effet constaté à partir d'observations empiriques qu'en deçà d'une dizaine de personnes, le collectif ne prend pas réellement, et qu'au-delà de 20 personnes, les effets de taille induisent le retour d'une hiérarchie pesante.

Chacune des 180 équipes autonomes fonctionne comme une PME : elle gère la relation client sur son périmètre, recrute, licencie, prend les décisions d'investissement, les finance, définit sa stratégie, fait des propositions de croissance externe et assure l'ensemble des activités dites « support » comme le juridique, la comptabilité et les ressources humaines. Chaque équipe se dote d'un manager d'activité, qui a un rôle d'animation du collectif et de porte-parole de l'équipe vis-à-vis du niveau supérieur. Quinze managers d'activité vont donc se retrouver ensuite autour d'un territoire, et les quinze managers de territoire constituent le comité de direction du groupe.

Chez nous, il y a donc bel et bien des managers, mais il y en a peu. En tout cas moins que dans la plupart des groupes de taille comparable. Nos managers d'activités sont des patrons de PME : ils doivent être en mesure de maîtriser

☞

☞

toutes les dimensions de la gestion d'une entreprise pour le périmètre d'intervention de l'équipe. Ils sont aussi des animateurs d'équipe : chaque décision est prise par le collectif. Le rôle du manager n'est donc pas tant de prendre position que d'animer ce collectif pour prendre les meilleures décisions. Il doit notamment s'assurer que chacun a pu s'exprimer, en régulant la dynamique du groupe.

Une fois que le collectif a pris une décision, le manager porte et incarne personnellement celle-ci, en particulier dans ses échanges avec les autres managers. Incarner n'est pas un vain mot ici : nos managers ont tous une délégation de signature et sont donc juridiquement et pénalement responsables en cas de problème au même titre qu'un chef d'entreprise.

Concrètement, les décisions clés de l'équipe se prennent lors de réunions mensuelles, animées par le manager, mais dont l'ordre du jour est déterminé par chaque membre de l'équipe qui met à l'agenda les sujets qu'il pense importants.

Le manager est aussi un éducateur, en particulier en matière de savoir-être : autonomie et esprit entrepreneurial. D'ailleurs, nous avons une conception exigeante de la notion d'employabilité. Chaque salarié doit être en mesure de créer sa propre entreprise, s'il venait à quitter l'entreprise, puisqu'il est en interne coresponsable de l'équivalent d'une PME. Cette exigence a des conséquences pratiques. Nous nous assurons par exemple que chaque salarié est aguerri à l'ensemble des fonctions d'une entreprise, au-delà des pures compétences techniques qu'il peut avoir. Nous avons ainsi identifié onze domaines fonctionnels transverses : comptabilité ou juridique, par exemple. Les rôles fonctionnels sont portés au sein de chaque équipe par un « animateur fonctionnel », membre de l'équipe exerçant son métier par ailleurs comme tous les autres. Ces missions d'animation fonctionnelle sont basées sur le volontariat et si possible tournantes. Chaque salarié est donc à terme censé posséder toutes les connaissances et compétences utiles à la création de sa propre entreprise.

Tout cela est un apprentissage permanent, tant au niveau individuel que pour le collectif. Nous affinons ces modes de fonctionnement, que nous adaptons sans cesse pour les rendre plus efficaces. Nous travaillons beaucoup sur la régulation de la dynamique de groupe et la formation des managers à ce rôle de catalyseur. Nous recherchons en permanence la prise de décision collective.

Nous nous nourrissons de ces innovations locales pour faire évoluer nos modes de fonctionnement collectifs, au même titre que nous nourrissons la stratégie du groupe des apports de chaque équipe sur le terrain.

RÉGULER LES INTERACTIONS

Dans l'organisation dont nous avons héritée, la régulation des rapports entre les personnes et les équipes est assurée par une structure hiérarchique, qui arbitre et décide, tout en étant elle-même parcourue par des tensions et conflits, ainsi que par des process, des normes et des règles. Dans la transformation de son management des hommes et des organisations, l'entreprise est confrontée à un enjeu de déconstruction de ce mode de régulation.

Nous l'avons déjà évoqué, il y a dans toutes les organisations humaines un besoin de cohérence entre les personnes et entre les équipes. Ce qui suppose d'organiser les interactions et de faciliter échanges et relations. Si ce n'est ni les process et les normes, ni le management descendant, qu'est-ce qui, dans l'entreprise, va assurer cette fonction de régulation ?

Il s'agira pour partie, bien sûr, du sens partagé, puisqu'il servira de boussole à tous et renforcera le lien social. Mais aussi des modalités de coordination et de régulation qui auront été adoptées par tous, parce qu'apportant une véritable valeur ajoutée. Il y a donc nécessité pour les intéressés de définir ces mécanismes. Avec un accent particulier dans trois directions : la diffusion et le partage de l'information, les processus de décision, le traitement des désaccords voire des conflits.

C'est ainsi qu'il sera possible de démultiplier la capacité de l'entreprise à s'adapter à son environnement, et en particulier aux besoins de ses clients. Il s'agit également d'une condition pour que la mobilisation des potentiels individuels soit au service de l'intelligence collective.

Pour préparer et accompagner une rupture qui est d'abord culturelle, l'entreprise doit tenter d'identifier les résistances qui pourraient apparaître dans une démarche conduisant à quitter les anciens modes, qui peuvent être vécus par certains comme des repères rassurants. De même qu'elle doit repérer les leviers et points d'appui. Ce qui suppose une analyse effective des enjeux de pouvoir, des rapports de force et des intérêts contradictoires qui existent dans l'entreprise.

Produire cette analyse nécessite là aussi d'écouter les intéressés : c'est en animant sur des séances d'une demi-journée l'expression d'une quinzaine de groupes de volontaires que nous avons pu mener un projet de ce type pour une entité en charge d'une mission d'utilité publique. La restitution de l'analyse réalisée à partir des éléments recueillis devant l'ensemble des collaborateurs a constitué le point de départ de la transformation.

L'adoption de ces modalités de régulation par tous suppose qu'elles aient été construites, explicitées et décidées par les intéressés. À l'occasion de la mise en place de nouveaux ateliers, un des leaders mondiaux du secteur de l'aéronautique a revu non seulement les processus de production et l'organisation, mais aussi les règles de fonctionnement pour qu'elles permettent à chacun d'investir tout son périmètre de responsabilité. Le « management book » rédigé par les collaborateurs eux-mêmes rassemble des éléments sur la stratégie de l'entreprise, sa déclinaison dans chaque atelier, les comportements transverses à privilégier, le rôle attendu des managers, les grandes lignes des différents métiers. S'y ajoutent dix « red lines » qui fournissent un cadre volontairement léger, dans lequel l'expression des compétences de chacun est facilitée. Peu nombreuses et formalisées par les intéressés, ces règles permettent d'expliciter certaines contraintes, notamment en matière de sécurité et de qualité, et de fournir à chacun le mode d'emploi des ateliers.

Les modalités qui seront retenues pour définir ces modes de régulation appartiennent à l'entreprise, elles lui sont spécifiques. Elles sont pertinentes en premier lieu parce que décidées par les acteurs eux-mêmes. Lorsque nous avons accompagné la construction de ces nouveaux modes de régulation dans un groupe de l'agro-alimentaire, nous avons ainsi été vigilants à nous centrer sur l'animation de la production des réponses spécifiques à l'entreprise, en nous limitant à des apports méthodologiques et à des éclairages à partir d'expériences réussies.

L'expérience montre cependant que les réponses ainsi apportées doivent être en nombre limité. Elles comprennent un « pourquoi » clair qui permettra le cas échéant de déroger en situation au « comment » s'il se révèle inadapté. Elles intègrent pleinement l'impératif éthique de respect de l'individu. L'approche adoptée doit être dynamique dans le temps : il faut y revenir régulièrement pour permettre une transformation progressive des comportements individuels et collectifs.

CONSTRUIRE DES POLITIQUES RH PARTAGÉES

Certaines entreprises sont aujourd'hui pourvues de politiques et processus RH déconnectés des enjeux opérationnels, parce que construits par des « experts » adoptant une approche standardisée, universaliste, en étant centrés sur la technique RH et sans y associer les opérationnels. Ces politiques et processus sont vécus comme plaqués sur la réalité, et ajoutant des contraintes qui ne sont pas comprises.

Qu'il s'agisse de recrutement, de gestion de la performance ou de rémunération, les politiques RH sont partie intégrante des modes de régulation traités ci-dessus. Celles que l'entreprise cible doivent posséder plusieurs caractéristiques. Elles interviennent en cohérence et en renforcement des éléments de sens, sont alignées sur la stratégie et ont une véritable valeur ajoutée pour le business en facilitant l'activité quotidienne. Elles sont sous-tendues par une logique de libération du potentiel et de développement des personnes. Elles sont équitables et vécues comme telles par tous. Elles ont été conçues par le collectif sur la base de choix éclairés. Elles sont portées et déployées qualitativement par l'ensemble du corps social, avec une montée en compétence progressive de chaque acteur et une mise en œuvre effective où chacun assume pleinement sa responsabilité à partir du partage des rôles défini entre collaborateur, manager et RH.

Sur l'analyse des politiques RH existantes, il s'agira là aussi d'écouter les collaborateurs sur ce qu'ils en comprennent, sur la finalité perçue et sur la valeur ajoutée qu'elle leur apporte ou pas. L'analyse des politiques RH et de leur perception, telle que nous l'avions menée pour PagesJaunes, avait ainsi mis en évidence un décalage important entre les attentes des opérationnels et l'existant.

Pour ce qui est des nouvelles politiques RH à construire, tous les acteurs mobilisés doivent partir des enjeux à adresser, et en premier lieu des enjeux business. La politique adaptée en matière de recrutement ou de rémunération par exemple, sera celle qui alimentera la réponse à ces enjeux. Un groupe de services du CAC 40 que nous avons accompagné sur sa politique de gestion des carrières a ainsi mis en évidence ces déterminants business auprès de ses managers : « Ce que vous, managers, apportez en matière de gestion des carrières de vos collaborateurs est essentiel pour l'entreprise pour plusieurs raisons. Un de nos axes stratégiques consiste à favoriser les transferts de savoir-faire au sein de l'entreprise. En développant la gestion des carrières de vos collaborateurs, vous contribuez à matérialiser cet objectif. Nous voulons développer une culture groupe, dépassant le fonctionnement en silos. Accompagner les collaborateurs dans ce changement suppose plus de mobilité, pour que chacun puisse développer une vision intégrée. Des plans de relève plus riches nous permettront d'accélérer notre croissance en disposant des profils nécessaires, notamment dans les opérations de croissance externe, et de faire face à notre internationalisation. »

Les politiques RH ainsi définies doivent aussi reposer sur une proposition de valeur collaborateur cohérente avec la proposition de valeur client. Nous avons aidé Egis Rail, spécialisé dans l'ingénierie des transports, à identifier qu'avec sa volonté de se différencier sur ses marchés par son niveau d'expertise, l'entreprise se devait d'investir de manière significative dans le développement de compétences exclusives chez vos collaborateurs et de renforcer ses dispositifs de détection et de gestion des experts. C'est sur cette base qu'Egis Rail attire et retient désormais les profils d'ingénieurs que l'entreprise cible et qu'elle réussit à faire face à une véritable guerre des talents dans le secteur.

La clé réside dans les personnes impliquées dans cette élaboration : plus elles seront nombreuses, plus les politiques adoptées seront pertinentes et déployées qualitativement. Et qu'on ne compte pas sur nous pour présenter ici les politiques RH à mettre en œuvre ! Celles à cibler par l'entreprise ne peuvent être prédéfinies puisque devant être adaptées à ses enjeux et construites par ses collaborateurs. Lorsque nous accompagnons une entreprise sur ce terrain, nous nous centrons sur l'animation méthodologique de la démarche d'élaboration, en l'appuyant par des éclairages qui visent à « élargir le champ de réflexion » de nos interlocuteurs. C'est ainsi qu'un groupe industriel du Nord, challengé sur le principe consistant à limiter au seul binôme collaborateur-manager la responsabilité de fixer les objectifs individuels, a élaboré une approche innovante en la matière : mettre en place des journées de fixation des objectifs individuels mobilisant une équipe comptant jusqu'à 50 personnes. En entrée, les objectifs globaux de l'entité. Puis une organisation très structurée de la journée en séquences de travail par sous-groupes. Et en sortie, les objectifs individuels de chaque membre de l'équipe, articulés entre eux, cohérents, partagés et connus de tous.

Cette réalisation illustre la nécessité de s'interroger lors de la définition de ces politiques sur les acteurs qui la porteront. Plus ceux qui seront en charge de sa mise en œuvre seront nombreux, plus elle sera pertinente et efficace.

Pour que cet exercice de définition reste utile à long terme, il est donc essentiel durant sa réalisation de capturer les pourquoi des choix adoptés et de ne considérer les comment qui sont retenus que comme des modalités possibles. D'autres modalités pourront être mises en œuvre si, en situation, elles répondent mieux aux pourquoi. C'est ainsi que l'entreprise évitera le retour progressif à des modes de fonctionnement qui auraient perdu leur sens initial.

REPOSITIONNER LES MANAGERS

Ce qui doit être abandonné, c'est bien sûr le mode de management descendant, de type « command and control », calqué sur le modèle militaire ou patriarcal à l'ancienne, avec ses décisions unilatérales et non expliquées, ses ordres, sa fonction de contrôle et son pouvoir de sanction.

Mais pas seulement. Tous les modes dégradés de ce modèle doivent aussi être dépassés parce que basés sur une conception des rapports dans l'entreprise qui n'est pas conciliable avec les logiques de responsabilité, donc avec les enjeux d'aujourd'hui.

Pour autant, le sujet n'est pas celui de la suppression des managers. A fortiori s'il s'agit de les remplacer par des « leaders nourriciers ». Mais celui de l'adoption d'un positionnement radicalement différent, en alignant l'exercice de l'autorité sur ce qu'il est devenu dans les autres sphères de notre société contemporaine. Il s'agit de passer du manager considérant ses collaborateurs comme des ressources à sa disposition au manager se positionnant comme ressource à la disposition de ses collaborateurs. Il est au service de ses collaborateurs, tout comme ceux-ci sont au service des clients, dans une logique de pyramide inversée. Il ne donne pas des instructions, il partage une intention. Il est là pour faciliter, accompagner et fluidifier, développer, encourager et reconnaître. Au lieu d'imposer ses réponses lorsqu'une question doit être traitée, il questionne : « Qu'en pensez-vous ? »

Les dirigeants de la Gendarmerie Nationale se sont interrogés sur la différence entre commandement et management. Certaines situations d'intervention imposent bien sûr la directivité, en particulier quand la sécurité des personnes est en jeu. Mais le reste du temps, manager « comme s'il y avait le feu » n'est plus adapté ni à la situation, ni aux rapports existants dans notre société contemporaine. Même pour une structure militaire, cette mutation est indispensable.

Comment l'entreprise peut-elle disposer d'une photographie objective de ce que sont les pratiques de management effectivement déployées en son sein ? Elle doit être vigilante au biais qu'introduisent les enquêtes d'opinion quantitatives : lorsque leurs résultats sont très positifs sur les questions de management, c'est parfois parce que le manager a renoncé à jouer son rôle et qu'il se positionne en « manager copain ». Au vu de la dimension affective que peut revêtir la relation entre manager et collaborateur, il est essentiel de se centrer sur les faits, plus que sur les opinions ou les ressentis. Pour cela, le plus simple consiste à évaluer la qualité des pratiques de management en situation, à travers leur mise en œuvre effective. Pourquoi introduire les biais inévitables d'autres approches plus indirectes, alors qu'il est possible d'observer en direct ces pratiques ? Certaines entreprises ont mis en place une démarche d'audit des pratiques managériales, comme cette enseigne de la distribution spécialisée dans laquelle nous avons construit un dispositif basé sur l'interview des collaborateurs à partir de questions factuelles et qui est mis en œuvre une fois par an dans chacun de ses magasins.

Une fois ces éléments disponibles, il s'agira de mettre en place la démarche qui permettra de réinventer le management : définir le rôle et la posture attendus, les compétences à développer et les moyens pour y parvenir. Dans les entreprises où nous avons accompagné cette transformation, comme Nexans, Eurovia, Orangina-Schweppes, Europcar, Lesaffre ou Lacoste, nous avons d'abord formalisé avec les intéressés les compétences managériales qu'ils auraient à déployer. Elles ont été construites pour servir à la fois la mise en œuvre du projet stratégique et un repositionnement radical des managers. Puis ont été élaborés les outils permettant à chacun de disposer d'une évaluation objective de son niveau de maîtrise de ces compétences managériales, ainsi que les moyens permettant de les développer.

Dernière condition de réussite de cette transformation, la structure managériale doit être alignée sur la cible. Les managers sont parfois en nombre insuffisant. Et nombreuses sont les entreprises où les managers adoptent un style directif faute de temps et parce qu'ils sont sous pression. Et il est bien sûr illusoire d'attendre un changement de posture du manager si la charge de travail découlant de la configuration de son poste ne lui permet pas de l'exercer.

Témoignage

Le développement managérial et la contribution individuelle au cœur de la transformation, par Charles Lantieri et Pierre-Marie Argouarc'h

Charles Lantieri est Directeur Général Délégué du groupe La Française des Jeux et Pierre-Marie Argouarc'h y est Directeur des Ressources Humaines et de la Transformation. En 2014, 27 millions de Français ont joué au moins à un jeu de la FDJ. Elle est la 4e loterie mondiale. Créée en 1976, elle est détenue à 72 % par l'État qui lui a alors confié le monopole des jeux de loterie. Elle rassemble 1 100 collaborateurs, réalise un chiffre d'affaires de 13 milliards d'euros (2014) et a contribué à hauteur de 3,1 milliards d'euros aux finances publiques.

Nous avons connu une transformation radicale. En effet, La Française des Jeux a bénéficié du monopole des jeux de loterie et des paris sportifs jusqu'en 2009, année d'ouverture du marché des jeux en ligne à la concurrence. La transformation de l'entreprise, pour anticiper cette nouvelle donne, a été profonde et a concerné aussi bien la stratégie, l'organisation, les processus de production et de mise sur le marché, les modes de management, que nos

☞

☞

modalités de gestion des ressources humaines. En 5 ans, c'est une entreprise nouvelle qui a été dessinée.

L'évolution managériale a été importante et est passée par la définition et la documentation de cinq principes d'action managériaux, qui sont des comportements génériques que nous souhaitons voir se développer au sein de notre communauté de managers : « aller à l'essentiel », « donner du sens », « agir proactivement », « jouer l'équipe » et « faire preuve de courage ». Les managers sont évalués sur la maîtrise de ces principes, à l'aide d'une autoévaluation et d'un 360 degrés. Des sessions internes de développement ont été organisées sur chacun de ces « PAM ».

L'axe managérial a été déterminant pour conduire notre transformation. Des progrès ont été enregistrés dans ce domaine, comme en témoignent nos collaborateurs dans le cadre de notre baromètre interne. Cependant, il continuait d'exister une hétérogénéité dans les pratiques managériales qui constituait un frein à la transformation plus radicale de l'entreprise. Or nous voulions une révolution des pratiques ! Nous sommes donc allés plus loin en multipliant les initiatives : élargissement du dispositif de 360° à la strate des responsables de service, lancement d'une communauté des managers sur le réseau social interne, développement des coachings, méthodologie de co-développement, etc. S'il est utile de faire du collectif, nous croyons aussi que l'enjeu est bien de l'articuler avec une approche plus individuelle de la transformation des pratiques managériales.

Mais notre transformation passe aussi par un changement de logique qui va au-delà de la seule strate managériale. Jusqu'à présent, nous attendions des collaborateurs qu'ils donnent le meilleur de leurs compétences professionnelles (les compétences « métier ») dans le cadre d'objectifs de réalisation précis prédéfinis. Nous souhaitons désormais qu'ils expriment l'ensemble de leurs compétences personnelles (au-delà de leur métier) au service d'objectifs contribuant explicitement au succès de la stratégie de l'entreprise, ce qui suppose que celle-ci soit explicite pour chacun. La conséquence majeure est que l'on sort de la production des tâches listées dans le descriptif de fonction, au profit de la production de solutions construites en équipe, ce qui implique que les collaborateurs soient convaincus que chacun dispose de réelles marges de manœuvre.

Pour entrer dans cette logique de contribution, qui suppose de mobiliser ses compétences, il est nécessaire de responsabiliser les collaborateurs sur leur propre développement professionnel.

Nos cellules d'incubation, mises en place depuis fin 2013, sont une illustration du développement des compétences dans un cadre collaboratif. Il

☞

☞

s'agit d'équipes, composées à la fois d'experts métiers (y compris métiers support tels que juridique, finance, etc.) et système d'information, responsabilisées et autonomes. Dans une logique « intrapreneuriale », elles ont pour objectif d'accélérer la mise sur le marché de nouveaux produits et services, notamment des jeux digitaux, et de conduire à des innovations de rupture. Elles ont une durée de vie limitée à 18 mois. Ces cellules nous ont permis d'imaginer des solutions et des produits très innovants, absents du marché, tout en mobilisant assez peu de moyens. Ce sont de véritables start-up à l'intérieur de l'entreprise, également ouvertes aux partenariats externes. Nous pourrions citer également les outils de résolution collective de problèmes complexes ou de créativité de groupe.

Dans notre secteur, les compétences sont notre principal actif. Nous croyons que lorsque l'ensemble des compétences de chaque collaborateur, et non les seuls savoir-faire métier mis au service de la mise en œuvre de tâches, deviennent la brique de base pour faire vivre l'entreprise, la valeur ajoutée créée sera nettement plus importante. Mais si l'on diminue ce lien à la tâche, et que l'on valorise les compétences, il est absolument vital de renforcer le sens donné à l'action, de communiquer non seulement sur la stratégie mais aussi de situer la contribution de chacun dans ce que l'entreprise fait aujourd'hui et veut faire demain.

Nous cherchons à libérer les énergies au sein de notre entreprise, nous faisons jouer les compétences et parions sur l'intelligence collective, mais nous ne voulons pas forcément être ce qu'on appelle une « entreprise libérée ». Que faut-il comprendre du buzz médiatique autour de l'entreprise libérée ? Quelles questions pose-t-elle ? Celle de la fin de l'autorité hiérarchique, de la libération au travail, de la responsabilisation des collaborateurs, du développement de leur capacité créatrice ? Beaucoup de questions à traiter simultanément.

Si la notion d'entreprise libérée est elle-même génératrice de questions nouvelles, les besoins auxquels elle entend répondre sont plus explicites. Il faut que l'entreprise s'adapte à son environnement qui bouge et particulièrement aux nouvelles aspirations des salariés. Il faut aussi qu'elle intègre que la planification est désormais de plus en plus sujette à caution. Nous sommes une entreprise dont une part très majoritaire de l'activité s'effectue sous le régime du monopole, très régulée, détenue majoritairement par l'État, et pourtant notre relation au marché, l'évolution des modèles de consommation induits notamment par la technologie entraînent la nécessité d'adapter en permanence, si ce n'est le cap stratégique, en tout cas sa mise en œuvre opérationnelle.

☞

Nous recherchons donc de la créativité, nous souhaitons que nos salariés développent leur capacité d'initiative. De ce fait, nous devons leur offrir un cadre flexible dans lequel l'innovation peut se développer, sans encadrement hiérarchique du travail, sans contrôle formel, sans obligation de succès, en favorisant la collaboration sur les projets. Ceci ne peut avoir lieu que si les collaborateurs ont les idées très claires quant aux objectifs que poursuit l'entreprise et ce que peut être leur apport à la mise en œuvre de cette stratégie dans leur domaine.

Nous revenons donc au rôle du manager qui était notre point de départ. Pour que les compétences de chacun soient mises au service du projet de l'entreprise, les managers ont deux rôles principaux : donner du sens et développer les compétences de leurs équipes, conditions essentielles à la mise en œuvre de la performance. Nous voulons que nos managers deviennent des coachs, animent l'équipe et soient en même temps à sa disposition. Le coach conseille, mais surtout il conduit le collaborateur à identifier lui-même les voies de son apport personnel au travail de l'équipe et donc ses besoins de développement.

Nous cherchons à casser la vision exclusivement hiérarchique du management. Nous avons commencé à le faire. Le point clé est de passer de la logique du « comment » au « pourquoi ». Nous attendons que les managers animent leurs équipes à partir du sens. Dans le domaine législatif on dirait passer du texte de la loi à « l'intention du législateur ». Il s'agit de rappeler en permanence ce que nous voulons faire, l'objectif poursuivi, mais de laisser s'exprimer toutes les compétences pour y répondre.

CENTRER LES FONCTIONS SUPPORT SUR LA CRÉATION DE VALEUR

Dans de nombreuses entreprises, les fonctions support doivent faire l'objet d'un repositionnement radical. Leur activité est composée en grande partie de tâches contraignantes et coûteuses au service des logiques organisationnelles de prescription et de contrôle. Par ailleurs, leur posture est celle du gardien des règles, du gendarme.

Nous avons vu qu'une typologie des activités des fonctions support pouvait être établie à partir de trois catégories. Tout d'abord des activités d'administration et de gestion à « caractère obligatoire » : elles doivent être réorganisées à partir d'impératifs de qualité, certes, mais aussi et surtout de productivité et d'efficience. Ensuite des tâches sans valeur ajoutée liées aux normes et processus inutiles et aux contrôles : elles doivent être supprimées. Enfin des activités qui créent de la valeur : elles doivent être développées.

La cible pour l'entreprise est de disposer de fonctions « dites support » qui constituent autant de sources additionnelles de création de valeur. Tout comme les activités opérationnelles, mais plus haut dans la chaîne de valeur ou en transversal.

Pour disposer d'un état des lieux, l'entreprise peut procéder à un audit des terrains d'intervention de ces fonctions, ainsi que du type de relations entre elles et les opérationnels. Lorsque nous avions accompagné Marionnaud à l'occasion de son rachat, nous avions constaté une inversion des rapports entre opérationnels et fonctionnels, ces derniers ayant « pris le pouvoir ». Un questionnaire demandant aux magasins d'évaluer chacune des fonctions sous l'angle de différents critères (réactivité, qualité du support apporté, qualité de la relation) avait permis à la fois de mesurer la situation et de passer un message fort sur les logiques de service.

Pour repositionner ces fonctions support, l'entreprise pourra s'appuyer sur des alliés. D'une part, les opérationnels qui ont besoin de support dans leur montée en responsabilité et en compétence. D'autre part ceux des fonctionnels qui souffrent des contenus et des postures auxquelles l'organisation ancienne les cantonne.

Sur le contenu des activités tout d'abord, c'est à partir de l'analyse de l'existant que l'entreprise pourra initier le travail d'optimisation des tâches contraintes et de suppression des tâches visant à normer et à contrôler les activités. Il s'agira ensuite d'identifier les activités potentiellement créatrices de valeur qui doivent être développées. La refonte de l'activité de la fonction RH de France Télévisions que nous avons menée a ainsi permis de réaffecter plusieurs dizaines de postes au développement des compétences et aux projets de transformation, parmi ceux qui étaient auparavant dédiés aux activités administratives et aux relations sociales.

Dans certaines entreprises, c'est le changement de posture qui sera le plus délicat à ancrer. Soyons clairs : le fonctionnel n'est pas au service de l'opérationnel, il est lui aussi au service du client final. Mais pour que celui-ci bénéficie pleinement de la chaîne de valeur, les fonctions support doivent développer des attitudes de service en interne, tout en gardant en tête l'intérêt de l'acteur en bout de chaîne qu'est le client. Ce qui signifie que si le fonctionnel doit abandonner à jamais sa posture de gendarme, il ne doit pas pour autant adopter celle du valet.

De même que les managers avec leurs collaborateurs, les fonctionnels doivent se positionner en ressources pour les opérationnels. Dans leur domaine d'expertise, ils doivent les alimenter, les développer sur les enjeux qu'ils maîtrisent en adoptant une démarche pédagogique, les aider à produire leurs réponses aux besoins de transformation, mettre l'accent sur les moyen et long termes. Nous avons ainsi aidé la fonction RH de l'Institut Pasteur et celle d'Engie à engager leur mue, d'une posture plutôt administrative à un véritable accompagnement des entités opérationnelles.

REPENSER LE RÔLE ET LA POSTURE DU DIRIGEANT

Dans le monde qui émerge, un dirigeant n'a plus sa place : celui qui est d'abord un gestionnaire, aligné au cordeau sur les objectifs à court terme qui lui sont assignés et mettant en œuvre une forme d'autorité et des postures hiérarchiques « à l'ancienne ».

Au vu des enjeux auxquels l'entreprise doit faire face, la valeur ajoutée du dirigeant se situe désormais sur d'autres terrains. Certes, il doit gérer l'entreprise. Mais il doit être en premier lieu un homme de la stratégie, de l'organisation, de la culture et de la transformation. Notre précédent ouvrage[1] invitait à réinvestir le terrain de la stratégie. Celui-ci constitue un appel à s'emparer également des leviers de l'organisation et de la culture. De nombreux dirigeants minimisent ces thèmes, avec une propension très forte en France à considérer que « l'intendance suivra ».

Les responsabilités premières d'un dirigeant d'entreprise aujourd'hui, c'est de poser un cadre stratégique constitué des éléments incontournables et de le partager, avec ses « pourquoi ». C'est de promouvoir la transformation du management des hommes et des organisations de son entité, de l'accompagner, d'en animer le sens, en faisant preuve de pédagogie et en donnant envie. C'est de développer une posture cohérente avec cette mutation, en veillant à son exemplarité et en renonçant aux attributs du pouvoir ainsi qu'à ce qui symbolise une certaine conception de la relation hiérarchique. Il y a certes des différences dans les rôles exercés, mais aucune supériorité de tel ou tel individu.

Pour tous en interne, ce positionnement du dirigeant, ses terrains d'intervention comme la valeur d'exemple de ses comportements et de ses postures, constitueront une preuve tangible qu'une transformation effective est engagée. Il projettera par ailleurs une image innovante de l'entreprise à l'extérieur.

1. Gilles Verrier, *Stratégie et RH : l'équation gagnante*, Dunod, 2012.

Analyser où en est l'entreprise sur ce terrain est délicat : il est difficile de libérer une parole vraie sur le sujet chez les collaborateurs, tant les logiques de pouvoir sont ancrées et l'esprit critique « à la française » bien présent. D'autant qu'en général l'action effective du dirigeant a une visibilité limitée pour le corps social. C'est un accompagnement heure par heure du dirigeant dans ses activités habituelles qui permettra à la fois d'analyser son activité et d'identifier la forme que prennent les signes de pouvoir. Ce type de projet peut aussi être mené à partir des actionnaires. C'est en formalisant les rôles, responsabilités et attitudes des actionnaires du groupe Roquette, et en construisant un « référentiel des compétences de l'actionnaire familial », qu'il nous a été possible de définir ce qu'étaient les attentes vis-à-vis des dirigeants opérationnels.

Ce travail sur le positionnement et l'équilibre des responsabilités du dirigeant peut être initié par les représentants des actionnaires, par un groupe pour ce qui est de la direction d'une de ses entités, ou par le dirigeant lui-même. Il s'agira alors de lancer ce projet, de ne pas hésiter à communiquer et à l'expliquer, avec une posture basse, en utilisant la force du symbole : l'annonce du renoncement à certains attributs du pouvoir a toujours un fort impact. Le dirigeant pourra ensuite être accompagné pour investir ces nouveaux terrains de responsabilité, animer une démarche de transformation du management des hommes et des organisations, ainsi que transformer ses postures.

Sur le terrain des attitudes, chacun à sa façon, les premiers dirigeants des groupes Daher, Biometal-Fila ou Vygon sont par exemple impressionnants dans leur capacité à mettre en œuvre une posture basse, faite d'humilité, d'écoute et de vrai respect de leurs interlocuteurs internes et externes.

PAR OÙ COMMENCER ?

Les neuf grands enjeux que nous avions identifiés sont désormais couverts. La question qui se pose à ce stade à toute entreprise est toute simple : comment s'y prendre ? La réponse paraît assurément plus complexe au vu de l'ampleur des sujets à traiter, d'autant que la réalité de chaque entreprise est spécifique.

Une entreprise pourra entrer dans un processus de transformation à partir de l'un ou de l'autre de ces enjeux, en fonction de ses réalités, de ses urgences et de ses besoins. Mais une fois qu'elle aura initié une démarche de transformation sur l'un, elle n'en sera pas quitte pour autant avec les huit autres.

Ces neuf enjeux sont autant de sous-systèmes qui, combinés, constituent le système de fonctionnement de l'entreprise. L'analyse systémique nous apprend que faire bouger un des sous-systèmes a des conséquences sur l'ensemble des autres, qui doivent être alignés pour permettre un nouvel équilibre. Un peu comme dans un mobile de Calder. Comment imaginer une nouvelle approche de la stratégie sans transformer le rôle du dirigeant ? Peut-on travailler sur la montée en responsabilité sans s'interroger sur les éléments de sens ? Est-il envisageable de repositionner les managers sans revisiter les modes de régulation entre les acteurs ? Non, assurément.

L'entreprise qui entrera dans un processus de transformation par un de ces thèmes devra donc prendre en compte les conséquences sur les autres enjeux. Et construire en situation, de façon pragmatique, l'enchaînement des projets permettant de mener une démarche de libération cohérente.

Adopter cet éclairage de l'analyse systémique permet aussi à ceux qui impulsent le mouvement d'en éclairer le sens global auprès de l'ensemble des personnes et groupes mobilisés et impactés : vient un moment dans la transformation où la prise de conscience de la cohérence d'une démarche d'ensemble par les différents acteurs est un atout pour renforcer leur mobilisation.

Comment manger un éléphant ? « Une bouchée à la fois » répondent les anglo-saxons. Au bout du compte, peu importe par lequel de ces neuf enjeux l'entreprise entre dans sa démarche de transformation. Elle doit cependant garder à l'esprit qu'une fois l'un d'entre eux traité, elle sera confrontée à la nécessité d'aborder les autres pour transformer en profondeur son modèle.

L'ensemble de ces éléments nous conduit à une définition complète de ce que produit une démarche de libération, ou plus exactement de transformation en profondeur de l'entreprise pour s'adapter aux enjeux de ce début de XXIe siècle. Ce qui se dessine sur cette base, c'est une organisation qui a libéré le potentiel de tous ses acteurs en positionnant la décision là où sont les enjeux. Ainsi, ceux-ci peuvent œuvrer ensemble de manière fluide et efficace à faire vivre l'utilité sociétale qu'ils ciblent et le projet qui en découle.

CONCLUSION

À ce stade, nous ne pouvons plus éviter une question. Nous avons vu dans la première partie de cet ouvrage que depuis une quarantaine d'années, les réflexions sont nombreuses sur les voies qui permettraient de transformer le management des hommes et des organisations. Les expérimentations réussies de systèmes innovants existent. Alors comment se fait-il que la plupart des entreprises en soient restées aux modèles anciens et que celles qui se sont réinventées en profondeur ne soient pas plus nombreuses ? Faute de traiter cette question, tout le travail de réflexion et de recherche sur ces nouvelles voies sera peut-être pertinent, mais restera sans effets concrets, donc sans utilité.

Notre conditionnement culturel, avec un siècle de pratiques inspirées de Taylor est sans doute un des facteurs explicatifs : il y a une vraie difficulté à imaginer une façon différente de nous comporter et à concevoir l'homme comme un acteur libre et autonome. De même, le culte de l'urgence[1] permanente et de l'instantanéité, pour partie lié aux technologies de l'information et de la communication, alimente cette difficulté à basculer vers d'autres modèles. Mais est-ce suffisant pour expliquer le *statu quo* ou l'évolution lente ?

Une partie de la réponse réside dans une contradiction, apparue de plus en plus évidente au fur et à mesure de notre cheminement. L'importance des transformations de l'entreprise qu'appelle notre société, en cette première partie du XXIe siècle, suppose d'adopter des logiques moyen et long termes, que ce soit pour les concevoir, avec l'ensemble des intéressés, ou pour les déployer en profondeur. Or, la plupart des entreprises se positionnent dans un cadre économique de court-terme imposé par leur actionnariat. Il n'est d'ailleurs pas surprenant qu'une grande partie des opérations de transformation menées ces dernières années l'aient été dans des entités dont la structure actionnariale autorise les logiques de long terme : entreprises familiales, sociétés coopératives, associations, etc.

La contradiction est là : d'un côté des transformations sociétales qui devraient conduire l'entreprise à se centrer sur sa performance durable, à

1. Nicole Aubert, *Le culte de l'urgence, la société malade du temps*, Flammarion, Champs Essais, 2009.

moyen et long terme, en abordant le résultat comme une résultante. De l'autre, un phénomène mis en évidence par de nombreux économistes : la financiarisation de nos économies pousse l'économie réelle, si elle veut rester compétitive en termes de rendement des montants investis, à délivrer des résultats immédiats, quitte à amputer le potentiel de l'entreprise en « milkant » ses ressources, un peu comme l'agriculture intensive qui appauvrit inexorablement la terre en pompant dans ses ressources. Cette logique court terme appelle un management par les chiffres et les tableaux de bord, la multiplication des *reportings* et le renforcement des contrôles, notamment en mobilisant les nouveaux outils technologiques.

C'est dans la résolution de cette contradiction qu'est sans doute désormais la valeur ajoutée première du dirigeant. Celui-ci ne peut libérer l'autonomie des collaborateurs que s'il a lui-même des marges de manœuvre. Alors que s'il est sous contrainte forte de la part de ses actionnaires sur ces logiques de court terme, et nous avons vu que c'était souvent le cas, il devra dupliquer en interne ces limites à l'initiative, par exemple via un système de mesure et de contrôle centré lui aussi sur les enjeux immédiats. L'entreprise reste un lieu d'intérêts contradictoires et de rapports de force.

À côté de ses responsabilités au sein de l'entreprise, le dirigeant a en charge la relation avec les représentants des actionnaires. Et là réside pour lui un véritable enjeu : les convaincre de privilégier l'accroissement de la valeur de leur capital plus que les revenus immédiats, en revenant à une posture d'entrepreneur.

Dans la réflexion qui sous-tend cet ouvrage, nous nous sommes heurtés à une autre contradiction. Les attentes qui se sont développées autour de la notion d'entreprise libérée, alimentées par une communication pléthorique, ont pu générer des illusions chez certains. Mais il n'existe pas de recette magique qui, à partir de quelques ingrédients simples et standard, permettrait de transformer toutes les organisations et de répondre à l'ensemble de leurs enjeux. Pour autant, le besoin de transformation de l'entreprise est réel et profond. Il est renforcé par une envie forte de changement partagée par de nombreux acteurs.

La responsabilité d'une part de ceux qui pensent l'entreprise, d'autre part des acteurs qui la composent, est d'affronter la complexité, d'en accepter le principe tout d'abord, de décider de l'affronter ensuite. Pour cela, deux écueils opposés doivent être évités : d'un côté, l'entreprise ne doit pas adopter des recettes simplistes, qui au bout du compte ne transformeront pas sa réalité en profondeur. C'est en ce sens que le tout ou rien de l'entreprise libérée ne peut constituer en soi la fin de la réflexion. De l'autre, les réponses adoptées en termes de structures et, bien sûr, de modes de fonctionnement, ne doivent pas en rajouter dans la complexité : la liberté et la responsabilité requièrent un cadre de jeu souple. Il s'agit en quelque sorte de « simplifier la gestion de la complexité. »

Quelle que soit l'opinion de chacun sur les voies à adopter pour construire le management des hommes et des organisations du XXIe siècle, il est indispensable que ceux qui pensent l'entreprise et sa transformation acceptent d'échanger, de débattre, de travailler ensemble à faire avancer la réflexion, en dépassant les positions de principe et les débats caricaturaux qui caractérisent parfois la société française.

Pour les dirigeants de l'entreprise, ainsi que pour l'ensemble des acteurs qui la composent et qui l'accompagnent de leurs conseils, l'enjeu est plus fort encore, mais de même nature. Sur les innovations managériales, refusons le « pour ou contre » de principe. Quand les échanges sont relancés, sur tel ou tel thème, la qualité de vie au travail hier, l'entreprise libérée aujourd'hui, un autre demain, évitons de jeter le bébé avec l'eau du bain. Que m'apprennent ces débats et ces premières réalisations ? Qu'ai-je à en tirer pour mon entreprise ? Qu'y prendre, qu'y laisser, au vu des spécificités de mon organisation ?

Ni adoption inconditionnelle et solutions plaquées, ni rejet de principe et immobilisme. Ce dont il s'agit, c'est de capitaliser sur ces apports et de les utiliser en leur appliquant un regard critique. Et de lancer les premières initiatives, articulées avec la stratégie de son entité, construites sur mesure, innovantes. C'est ce que nous tentons de faire pour ce qui nous concerne, aussi bien dans cet ouvrage que dans nos interventions.

ANNEXE

CHRONO FLEX

Le contexte

Chrono Flex est une entreprise nantaise de dépannage et de maintenance en flexibles hydrauliques, créée en 1995. Elle emploie environ 270 personnes. Dirigée par Alexandre Gérard, l'entreprise appartient à un groupe familial, Inov-On, regroupant des activités d'interventions sur site ainsi que des activités d'édition et de communication.

La situation initiale

En 2009, après que l'entreprise ait été frappée de plein fouet par la crise, elle met en œuvre une quarantaine de licenciements économiques. À l'issue de cette période difficile, Alexandre Gérard entend conduire l'activité autrement et mettre en place un mode de management radicalement différent. « Je me suis rendu compte que j'avais tout faux : si mon entreprise allait mal, c'est notamment parce que j'avais emprisonné la créativité et que je l'avais gérée à coups de procédures et d'interdits » commente-t-il.

La démarche

Au préalable, une démarche participative de construction d'une vision commune a été lancée. Elle a permis de déboucher sur des valeurs partagées : « assurer la performance par le bonheur, cultiver l'amour des clients, constituer des équipes respectueuses et responsables, conjuguer esprit d'ouverture et ouverture d'esprit ». Les processus de décision ont été allégés et sont pour la plupart collectifs, les règles communes ont été redéfinies.

Le directeur général donne une illustration de la philosophie de l'entreprise, basée sur la responsabilité individuelle : « Nous avons construit pour l'ensemble des collaborateurs un compte d'exploitation individuel, et au-delà de son seuil de rentabilité, le salarié prend 15 % de la marge nette [...] puis un bonus lié à la réussite de son équipe, de 15 % également [...] et encore 15 % tous les six mois assis sur la rentabilité globale de l'entreprise ».

La responsabilisation de chacun et la diminution des lignes de management passent également par la création de plus petites équipes de travail, rassemblant une dizaine de techniciens commerciaux itinérants et un « capitaine » coopté pour trois ans.

Les fonctions support ont été réduites. Par ailleurs, de nombreux attributs du pouvoir ont disparu : le bureau du dirigeant a été remplacé par une salle de repos, il n'y a plus de places de parking réservées, tout le monde peut assister au comité de direction du lundi et il y a une plus grande transparence sur les principaux chiffres de l'entreprise.

FAVI

Le contexte

Dans le secteur de la métallurgie, FAVI est le premier fournisseur européen de fourchettes de boîte de vitesse. Située dans la Somme, l'entreprise emploie environ 400 collaborateurs et a réalisé un chiffre d'affaires de 83 millions d'euros en 2013. Elle était dirigée jusqu'en 2009 par Jean-François Zobrist.

La situation initiale

À son arrivée en 1980 chez FAVI, la situation économique de l'entreprise est délicate. Il dresse par ailleurs le portrait d'une organisation dont les modes de fonctionnement renvoient à une conception très datée des rapports humains.

La démarche

S'appuyant sur ses convictions personnelles (« l'homme est bon » et « l'amour du client »), l'holacratie, le Kaizen et la sociodynamique, Jean-François Zobrist propose des actions radicales pour transformer l'entreprise : « Pour qu'elle soit réactive, il fallait que les décisions soient prises par les ouvriers eux-mêmes, en temps réel, sur le terrain. La structure de fabrication conduisait au phagocytage de la prise d'initiative. Il fallait donc supprimer cette structure. »

Pour parvenir à renverser la pyramide, l'activité est organisée en une vingtaine de mini-usines, de 20 à 40 collaborateurs, auto-dirigées, en y intégrant les activités support. Chacune dédiée à un seul client. À leur tête, des ouvriers cooptés par leurs collègues et appelés « leaders ». Toute autorité part de la base.

La recherche de performance est centrale, toutes les équipes sont tenues de trouver au moins une idée d'amélioration par semaine. Afin que chacun ait une vue sur la performance de sa mini-usine, les indicateurs sont factuels, tangibles et surtout parlants pour les ouvriers.

Les opérateurs non seulement fabriquent, mais règlent leurs machines et gèrent leurs cadences en toute autonomie. Pas de pointage, pas de références au temps, peu de contrôle. « Depuis cinq ans, on change de poste chaque heure, et on peut permuter entre mini-usines au bout d'un an ou deux ». Régulièrement, les équipes se déplacent chez leur client pour observer comment sont utilisées les pièces. « Il n'y a pas de productivité sans bonheur, et le bonheur, c'est de faire des choses que l'on comprend », considère celui qui a succédé à Jean-François Zobrist à la tête de FAVI.

GORE

Le contexte

Fondée en 1958, Gore est une société américaine de textile qui compte 10 000 salariés dans 45 pays. Elle fabrique le tissu Gore-tex, principalement utilisé dans les activités sportives de plein air. L'entreprise intervient également dans le médical, l'industrie (joints, filtres) et l'électronique.

La situation initiale

Salarié de DuPont de Nemours, Wilbert L. Gore quitte cette entreprise, frustré par ses lourdeurs. En réaction à la rigidité de DuPont, il imagine une structure horizontale, en réseau plutôt qu'en pyramide.

La démarche

L'entreprise est « agile » depuis l'origine et son organisation se caractérise aujourd'hui par quelques principes qui constituent sa singularité. Il n'y a pas de hiérarchie au sens strict, mais des leaders qui sont cooptés par leurs équipes. « Les leaders sont là pour donner la vision d'ensemble, pas pour décider ». L'actuelle Présidente Karsta Goetze complète : « Dans l'idéal le leader émerge naturellement, c'est un leader naturel. »

Les unités sont autonomes et ne dépassent jamais 250 personnes. Ce sont des équipes-projets autodirigées qui facilitent l'innovation. Chacune réunit autour d'un projet des collaborateurs de tous les services. Aucun de ces services n'a d'ascendant sur les autres.

Les nouveaux collaborateurs entrent chez Gore au terme d'un processus de recrutement centré sur l'autonomie et la capacité d'initiative. « Quand on est recruté chez Gore, on a tellement de latitude qu'on est obsédé par la crainte de faire couler le bateau par une action qui mettrait en péril la réputation ou les résultats de la société ! » affirme un salarié.

L'évaluation des collaborateurs est collégiale. Au sein d'une équipe d'environ vingt personnes, chacun doit attribuer un rang à chacun de ses collègues en fonction de leur contribution au succès de la société, éventuellement en ajoutant des commentaires sur ses points forts et faibles. Ces éléments anonymes sont compilés et étudiés par un comité transversal de trois ou quatre leaders.

Le mentorat est développé. Chaque collaborateur dispose d'un sponsor interne qui l'aide à construire son réseau hors hiérarchie, à identifier les meilleures opportunités et à entrer en relation avec les personnes pouvant le faire avancer dans son projet, etc. Chaque collaborateur doit trouver son point de rencontre entre ses compétences, ses centres d'intérêt et les besoins de l'entreprise.

HARLEY DAVIDSON

Le contexte

Harley Davidson est le constructeur et distributeur mythique des motocycles éponymes. L'entreprise a réalisé en 2014 un chiffre d'affaires de six milliards de dollars et vendu 270 000 véhicules. Harley Davidson dispose d'un vaste réseau de concessionnaires, avec 1 460 entités indépendantes dans 90 pays. L'entreprise emploie aujourd'hui environ 6 500 collaborateurs.

La situation initiale

En 1981, alors que l'entreprise connaît une situation économique difficile, avec une dégradation de sa réputation en matière de fiabilité et de qualité, elle est rachetée par treize de ses managers. Suit une période de redressement accompagnée d'une forte réduction des effectifs, avec une approche descendante et directive. Les résultats s'améliorent, mais insuffisamment pour assurer la pérennité de l'entreprise.

La démarche

En 1987, Richard Teerlink estime que les modes de fonctionnement directifs et descendants de l'entreprise constituent une limite pour affronter les enjeux à venir et initie une « révolution managériale ». Il se focalise tout d'abord sur la construction et le partage de la vision. Pour ce faire, il associe largement managers et syndicats. En 1993, l'entreprise passe à l'étape suivante : pour permettre un partage du leadership avec l'ensemble des collaborateurs, elle repense son organisation. Celle-ci est désormais constituée de trois cercles, pour chaque domaine fonctionnel de l'entreprise : le cercle « créer la demande » regroupe les activités de marketing et de vente, le service client ; le cercle « produire » couvre les activités d'ingénierie, de production, de gestion de la qualité, de pilotage des coûts et de gestion des stocks ; enfin le cercle « support aux opérations » intègre l'ensemble des fonctions support.

Dans ce nouveau modèle, les dirigeants renoncent à certaines de leurs prérogatives, pour assurer un rôle de coach des cercles constitués, sans autorité hiérarchique. La spécificité de ces cercles se trouve dans leur mode de gestion. Le partage des responsabilités au sein des cercles n'est pas précisé, à dessein. Au sein d'un cercle, il n'y a pas un mais plusieurs leaders, en fonction de l'enjeu adressé. Le leadership n'est pas figé mais tournant, fluctuant au gré des enjeux et des problèmes à résoudre.

Les leaders à l'intersection des trois cercles prennent en charge les décisions qui impactent l'ensemble de l'entreprise. Ils constituent le Leadership & Strategy Council, qui joue un rôle de conseil auprès du premier dirigeant qui n'en fait pas partie.

POULT

Le contexte

Constitué par rachat d'entreprises, le Groupe Poult est le second biscuitier Français et réalise un chiffre d'affaires de 250 millions d'euros. Il rassemble 1 600 collaborateurs, avec cinq usines en France et trois en Pologne. L'entreprise a été cédée en 2014 à une filiale de la Caisse des Dépôts et Consignations.

La situation initiale

En 2005, Poult connaît une situation financière difficile. Son dirigeant recherche de nouvelles voies pour impliquer les collaborateurs, libérer les initiatives et innover : « Fermer les usines, virer les gens, serrer les coûts, tout le monde sait faire. Il suffit de manquer un peu de sensibilité et d'y aller. Sortir par le haut, par l'innovation, par les nouveaux produits, c'est plus compliqué. Mais on a décidé de faire cela. »

L'usine de Montauban est la première à expérimenter de nouvelles approches, d'autant plus que « l'image de Poult était mauvaise en ville, avec un management difficile, dur et peu de liberté » explique Didier Hirtzig, directeur de l'usine.

La démarche

Un travail collectif sur les valeurs est conduit en 2005. Il est mené avec une forte association en amont, mais trop peu de construction des solutions en aval. Le nouveau schéma de production de l'usine de Montauban est élaboré en 2006 avec des groupes intégrant les différents services et les strates hiérarchiques de l'entreprise. Ce travail préfigure une large réorganisation de l'usine en 2007.

Quatre unités autonomes sont mises en place, dans lesquelles les opérateurs participent à la réponse aux appels d'offres, recrutent, organisent le temps de travail. Chacune de ces unités a un animateur, mais la plupart des échelons hiérarchiques sont supprimés. « Beaucoup de cadres ont basculé dans de l'aide, du support, ce qu'on appelle chez nous les techniciens de progrès » explique Daniel Hirtzig. Les services supports sont positionnés en « experts » et épaulent les équipes de production. La fonction de DRH est supprimée.

Aujourd'hui, trois axes émergent. L'auto-organisation tout d'abord. L'entreprise associe tous les salariés aux décisions importantes, notamment en matière d'investissements. Elle n'a plus d'organigramme, de reporting ou de budget sectoriel, ni de comité de direction. Le manager est positionné comme « animateur coach ». Le deuxième axe est celui de l'innovation partagée. Les séances de créativité sont fréquentes, la Poult Academy favorise le transfert des savoirs entre les salariés et promeut l'échange de bonnes pratiques. Le troisième axe concerne « l'open innovation », conduisant l'entreprise à agir de manière intégrée avec son écosystème.

SEMCO

Le contexte

Entreprise brésilienne dont le siège est à Sao Paulo, Semco intervient dans des domaines très variés. Ce groupe familial réalise un chiffre d'affaires de 212 millions d'euros et emploie plus de 3 000 personnes.

La situation initiale

En 1982, l'entreprise, alors spécialisée dans la fabrication de pompes industrielles, est confrontée à des problèmes de rentabilité. Ricardo Semler reprend l'entreprise de son père. Pendant trois ans, il réorganise le groupe, portant personnellement les changements. Ce processus connaît un coup d'arrêt lorsqu'il est victime d'une crise cardiaque. Il modifie alors ses modes de fonctionnement, en adoptant un modèle de développement plus ouvert et un processus de changement participatif.

La démarche

L'entreprise a initié sa démarche de transformation en restructurant en profondeur ses activités cœur de métier et en procédant au licenciement de tous les managers opposés aux changements. Puis sont intervenues des mesures de « libération » de l'organisation : disparition des structures précédentes, suppression des bureaux individuels, des badgeuses et des moyens de contrôle, repositionnement des managers en tant que soutien aux équipes de production et de développement.

Pour structurer l'ensemble des modes de fonctionnement de l'entreprise, l'accent est mis sur « l'auto-management » de chacun dans l'ensemble des dimensions de l'entreprise : l'organisation du travail et la mobilisation des collaborateurs, basées sur une forme de volontariat « engageant » qui permet à chacun de participer à tout s'il y trouve un intérêt, s'il apporte de la valeur ajoutée et s'il tient les engagements qu'il y prend ; la rétribution, avec la possibilité pour les salariés de fixer leur propre salaire sur la base des résultats produits ; la gouvernance, avec l'élection par les salariés d'un président tournant chaque mois ; le développement, avec un encouragement des employés à créer eux-mêmes les activités qu'ils souhaitent ou pensent pertinentes pour Semco.

Des mécanismes d'autorégulation ont été construits, avec un autocontrôle des salariés, orienté vers la réponse aux objectifs de résultats fixés collectivement.

Dans ce cadre, le manager est positionné comme un support à l'action, un référent en cas de besoin, en charge exclusivement de la mise en œuvre de toutes les conditions pour permettre aux collaborateurs de bien faire leur travail. Chaque manager est évalué par ses collaborateurs tous les semestres.

SOL

Le contexte

SOL est une entreprise finlandaise de services, spécialisée dans le nettoyage industriel. Elle emploie 11 500 personnes et réalise un chiffre d'affaires d'environ 260 millions d'euros. Elle intervient en Europe du Nord, dans les Pays Baltes et en Russie.

La situation initiale

Au début des années 1990, l'entreprise est à la dérive, avec moins d'une centaine de salariés et une liquidation qui s'annonce proche. La dirigeante, Liisa Joronen décide de redresser l'activité en s'inscrivant dans une démarche de rupture.

Elle constate que les femmes de ménage souffrent d'un manque de reconnaissance et d'engagement. Elle prend alors le parti de promouvoir des modes de fonctionnement et d'organisation basés sur les principes de l'holacratie.

La démarche

Pour apporter à ses employés la considération qui leur manquait, l'entreprise bouleverse son organisation du travail à partir d'une idée en rupture avec les pratiques du secteur : leur faire nettoyer les locaux de ses clients en journée, et non comme dans la plupart des entreprises de propreté dans des bureaux vidés de leurs occupants.

Estimant que le rôle de supervision assuré traditionnellement par les managers n'est plus nécessaire, elle réaffecte les managers et chefs d'équipes au développement commercial. Les équipes de nettoyage ont désormais la capacité de s'organiser chez leurs clients de façon autonome selon ce qui leur paraît le plus pertinent pour assurer un niveau de service optimal. De ce fait, le temps de contrôle est réalloué à des tâches créatrices de valeur. En complément, certains agents de nettoyage sont formés aux techniques de ventes et à la négociation, pour leur permettre d'assurer un rebond commercial chez le client.

Afin d'aligner l'appui proposé par les fonctions support sur les besoins opérationnels, leurs tâches (paie, communication institutionnelle, pilotage économique et financier, etc.) sont désormais assurées par les opérationnels eux-mêmes. Ils perçoivent une rémunération supplémentaire en fonction des tâches qu'ils assurent.

Enfin, afin de pérenniser cette dynamique positive, l'entreprise a formalisé des valeurs qui alimentent au quotidien l'ensemble de ses modes de fonctionnement.

MINISTÈRE BELGE DE LA SÉCURITÉ SOCIALE (SPF)

Le contexte

Basé à Bruxelles, le SPF compte environ 1 300 agents. Ses activités principales consistent à alimenter la conception de la législation relative à la sécurité sociale, à contrôler son respect et à gérer plus particulièrement la situation des personnes handicapées et des victimes civiles de guerre.

La situation initiale

En 2005, le SPF est confronté à une situation périlleuse : 40 % des effectifs doivent prendre leur retraite dans les dix années qui suivent et son image en tant qu'employeur apparaît très dégradée.

La démarche

Le postulat de départ est simple : considérer désormais tous les collaborateurs comme des adultes responsables et libres de s'organiser, dans un contexte où la norme dominait et où les activités et comportements étaient fortement prescrits.

L'enjeu est de passer d'une culture du commandement et du contrôle à une culture de la confiance a priori, soutenue par un nouvel environnement de travail et un style de leadership renouvelé. Entre 2009 et 2013, Laurence Vanhée, DRH devenue « Chief Happiness Officer », anime cette démarche en affichant une conviction : « Travailler dans la joie et la bonne humeur n'est pas contradictoire avec la performance ».

La transformation radicale de l'institution est conduite en trois temps. Première action, le ministère déménage. L'environnement de travail est repensé. Un ratio de 7 postes de travail pour 10 personnes est adopté, en donnant la possibilité à ceux qui le souhaitent de télétravailler.

Dans un second temps, l'accent est mis sur la transformation du management. Les managers se voient confier trois responsabilités principales : communiquer une vision inspirante pour leur équipe, animer l'obtention des résultats et faciliter la vie de leur équipe. Les niveaux hiérarchiques sont réduits, l'organigramme est simplifié.

La définition d'objectifs annuels est maintenue, mais ils sont fixés par l'équipe, et non plus uniquement par le management. « Avec ce système, nous avons gagné 20 % de productivité. Les agents sont fiers de se voir challenger par leurs collègues et de se dépasser ».

Un travail est ensuite conduit sur les valeurs, via une approche collaborative : la confiance, le respect, le développement individuel, l'orientation résultats et la solidarité. Ces valeurs ont ensuite été traduites en comportements.

SUN HYDRAULICS

Le contexte

Créée en 1970 en Floride par Bob Koski, Sun Hydraulics est spécialisé dans la fabrication et la commercialisation de solutions hydrauliques et électriques. L'entreprise réalise en 2014 un chiffre d'affaires de 227 millions de dollars et emploie environ 900 collaborateurs. Sun Hydraulics est connue depuis sa création pour son mode de management dit « horizontal », revendiqué par l'entreprise dans sa communication financière.

La situation initiale

Le fondateur, Bob Koski, a connu les systèmes hiérarchiques classiques au sein d'une entreprise d'ingénierie. Il est convaincu que ces structures ont un fort effet de démotivation des collaborateurs en induisant chez eux des réflexes défensifs et non productifs, focalisant leur attention sur les jeux de pouvoir plutôt que sur l'activité elle-même. Il considère que la répartition des missions entre ceux qui ont le pouvoir et le contrôle d'une part, les experts d'autre part, a un effet délétère sur la motivation de ces derniers.

La démarche

Dès la création de Sun Hydraulics, Bob Koski fait abstraction de la plupart des attributs d'une organisation hiérarchique classique : titres et descriptions de postes, reporting, supervision hiérarchique, systèmes de management de la performance, etc. Il laisse émerger des modes de fonctionnement non structurés. En lieu et place des rôles et systèmes formalisés de coordination, ce système de management horizontal s'appuie sur l'ajustement mutuel et la coordination informelle, en mettant en exergue trois conditions de succès.

La première est un partage massif et non contrôlé des informations opérationnelles de l'entreprise. La coordination entre les équipes pour l'optimisation du planning opérationnel est par exemple rendue possible par le fait que chacun partage l'intégralité de l'information : niveau des commandes, disponibilités, etc.

Une deuxième condition tient dans la conception de l'espace de travail : l'environnement de travail est conçu pour faciliter les échanges spontanés entre les collaborateurs. Tous les collaborateurs d'une entité sont réunis dans un seul et même open space. La taille maximale d'une « entité spatiale » est limitée à 200-250 personnes, pour garantir la fluidité de l'information.

La troisième condition porte sur le recrutement en ciblant des ingénieurs qui savent et apprécient d'apprendre en « déséquilibre ».

Une fois ces conditions mises en place, Bob Kosky favorise l'émergence de « clusters naturels », petits groupes composés à la fois de métiers de production et de métiers « cols blancs », mobilisés lorsqu'il s'agit de concevoir de nouveaux produits ou processus industriels.

BIBLIOGRAPHIE

BAUDELOT Ch. et GOLLAC M., *Travailler pour être heureux ?* Éditions Fayard, 2003

BESSEYRE DES HORTS C.-H., *RH au quotidien*, Dunod, 2e éd., 2015

BIGI M., COUSIN O., MÉDA D., SIBAUD L. et WIEVIORKA M., *Travailler au XXIe siècle*, Robert Laffont, 2015

CARLZON J., *Renversons la pyramide !*, InterÉditions, 1986

CLOT Y., *Le travail à cœur : pour en finir avec les risques psychosociaux*, La Découverte, 2010

CROZIER M., *L'entreprise à l'écoute*, InterÉditions, 1989

DUJARIER M.-A., *Le management désincarné*, La Découverte, 2015

ENLART S. et CHARBONNIER O., *À quoi ressemblera le travail demain ?* Dunod, 2013

ENLART S. et CHARBONNIER O., *Quelles compétences pour demain ? : les capacités à développer dans un monde digital*, Dunod, 2014

GETZ I. et CARNEY B. M., *Liberté & Cie : quand la liberté des salariés fait le succès des entreprises*, Éditions Fayard, 2012

HSIEH T., *L'entreprise du Bonheur*, Leduc.s Éditions, 2011

HUNYADI M., *La tyrannie des modes de vie*, Éditions du bord de l'eau, 2015

D'IRIBARNE Ph., *La Logique de l'honneur*, Seuil, 1989

KRAUZE J., MÉDA D., LÉGERON P., SCHWARTZ Y., *Quel travail voulons nous ? : la grande enquête*, Les Arènes, 2012

LALOUX F., 2014, *Reinventing organizations:* A *Guide to Creating Organizations Inspired by the Next Stage of Human Consciousness*, Nelson Parker.

LINHART D., *La comédie humaine du travail : de la déshumanisation taylorienne à la sur-humanisation managériale*, Érès, 2015

MCGREGOR D., *La dimension humaine de l'entreprise*, Gauthier-Villars, 1970

MÉDA D. et VENDRAMIN P., *Réinventer le travail*, PUF, 2013

MÉDA D., *Le Travail, une valeur en voie de disparition*, Flammarion, 1998

RUSSELL B., *Éloge de l'oisiveté*, Allia, 2002

NAYAR V., *Les employés d'abord, les clients ensuite : comment renverser les règles du management*, Diateino, 2011

OSTY F., SAINSAULIEU R. et UHALDE M., *Les mondes sociaux de l'entreprise : penser le développement des organisations*, La Découverte, 2007 (édition revue et actualisée)

PETERS T., *L'entreprise libérée : liberation management*, Dunod, 1993

SAINSAULIEU R., *L'identité au travail,* Presses de Sciences Po, 1988

SEGRESTIN B. et HATCHUEL A., *Refonder l'entreprise*, Seuil, 2012

SIMON H., 1971, *Designing Organizations* for *an Information-Rich World*, The Johns Hopkins Press.

THÉVENET M., *Le bonheur est dans l'équipe*, Eyrolles, 2008

VANHÉE L., *HAPPY RH : le bonheur au travail : rentable et durable*, Éditions La Charte, 2013

VERRIER G., *Réinventer les RH,* Dunod, 2007

VERRIER G., *Stratégie et RH : l'équation gagnante*, Dunod, 2012

TAYLOR F. W., 1911, *The* Principles *of Scientific Management*, Harper and brothers.

WEBER M., *L'Éthique protestante et l'esprit du capitalisme*, Plon, 1964

WOMACK J. P. et JONES D. T., 1996, *Lean Thinking*, Simon & Schuster.

ZOBRIST J.-F., *La belle histoire de Favi : l'entreprise qui croit que l'homme est bon*, Humanisme & Organisations, 2013

INDEX

Autres ouvrages de Gilles Verrier chez Dunod

Gilles VERRIER

Réinventer les RH

7 axes de progrès pour répondre au malaise des salariés

DUNOD

74301 – (IV) – OSB 90° – BPE – BTT
Dépôt légal : janvier 2016, suite du tirage : janvier 2017

Achevé d'imprimer par la Nouvelle Imprimerie Laballery
58500 Clamecy
N° d'impression : 612322